MARIA AHMETI

ALBANIEN

· KOCHBUCH ·

Email: info@edition-lunerion.de
www.edition-lunerion.de

Psiana eCom UG
Berumer Str. 44
26844 Jemgum

Vorwort

Albanien als Urlaubsland ist Ihnen unbekannt und von der Küche haben Sie auch noch nie etwas gehört? Da haben Sie aber jede Menge verpasst! Denn der Geheimtipp unter den Reiseparadiesen besticht nicht nur durch atemberaubende Strände, sondern auch durch eine verlockend reichhaltige Landesküche – und die bringt Ihnen dieses Kochbuch ganz einfach auf den Tisch!

Deftige Fleischgerichte im Norden, reichlich Obst und Gemüse in der Mitte des Landes, feinste mediterrane Küche mit Oliven, Zitrusfrüchten & Co. im Süden und dazu Einflüsse aus der Türkei, dem Orient und aus Griechenland: Zusammen ergibt das die albanische Landesküche, die mit einer einzigartigen Vielfalt punktet. Intensive Aromen, reichlich Zwiebeln, Knoblauch und Gewürze sowie lokale Milchprodukte und Olivenöl sorgen für unverwechselbaren Geschmack und vereinen alte Traditionen aus allen Regionen. In diesem Buch finden Sie eine Vielzahl an köstlichen Originalrezepten für jeden Anlass und Geschmack und entdecken von Suppen und Salaten über deftige Hauptspeisen mit Fleisch und Fisch bis hin zu Veggie-Leckereien, Snacks und feinen Desserts zahlreiche Inspirationen für Ihr Albanien-Menü.

Guten Appetit!

INHALT

Wissenswertes

Das Land Albanien befindet sich auf der sogenannten Balkanhalbinsel in Südosteuropa. Südlich ist Griechenland angrenzend, im Norden Montenegro und im Osten Nordmazedonien. Die westliche Grenze bildet die Adria, was Albanien zu einem Mittelmeeranrainerstaat macht.

Die Hauptstadt Tirana ist auch gleichzeitig die größte Stadt des Landes. Die Amtssprache ist Albanisch. Der Staat ist geprägt durch orientalische Einflüsse, die die Besatzung der Osmanen mit sich brachten. Albanien ist erst seit 1912 unabhängig vom Osmanischen Reich.

Das gesamte Land hat erhebliche Fortschritte erzielt, seit der Kommunismus abgeschafft wurde, dennoch gehört es zu den ärmeren Ländern Europas. Trotzdem ist es Mitglied der Vereinten Nationen, der NATO und vielen weiteren Organisationen. Auch zählt Albanien seit 2014 zu den Beitrittskandidaten der Europäischen Union.

Die Einwohnerzahl Albaniens hält sich in Grenzen. Mit etwa 2,8 Millionen Menschen sind es nur etwas mehr als im deutschen Bundesland Schleswig-Holstein. Touristisch gesehen ist Albanien wohl weniger bekannt, aber einige Urlaubsorte gibt es, die gerne besucht werden. Diese finden sich vorzugsweise an den Küsten der Adria und des Ionischen Meeres.

Albanien wird auch von Naturkatastrophen heimgesucht, denn das Land befindet sich in einer tektonisch aktiven Zone. So kommt es immer wieder zu schweren Erdbeben, das letzte ereignete sich erst im Jahre 2019.

Die Hälfte der Landesfläche Albaniens wird von bergigen Regionen eingenommen, die etwa 600 Meter über dem Meeresspiegel liegen. Der höchste Berg ist der Korab an der Grenze zu Nordmazedonien. Er misst eine Höhe von knapp 2.800 Metern, befindet sich aber nicht vollständig auf albanischem Staatsgebiet. Damit wäre der Berg Jezerca mit seinen knapp 2.700 Metern Höhe der höchste, der sich komplett in Albanien befindet.

Weiterhin befinden sich viele Seen und Flüsse in Albanien. Durch viele Seen ziehen sich die Staatsgrenzen, sodass nur ein Teil zu Albanien gehört. Die größeren Flüsse münden alle in der Adria.

Das Klima in den Bergen ist rau. Hier sind harte Winter zu verzeichnen, die oftmals entlegenere Dörfer von der Außenwelt abschneiden. Im Süden des Landes herrschen mildere Temperaturen, wobei es an den Küsten im Winter zu höheren Niederschlagsmengen kommen kann.

Albanien kann eine hohe Artenvielfalt in Flora und Fauna aufweisen. Über 40 Pflanzenarten kommen nur hier vor. In den gemäßigten Gebieten wachsen Zitrusfrüchte und Palmen und in den Flusstälern finden sich Mandel- und Walnussbäume. Die Wälder sind überwiegend mit Fichten, Tannen, Buchen, Eichen und Ahorn bewachsen. In wärmeren Regionen kommen auch Pinien, Linden und Olivenbäume vor und bis zu einer Höhe von etwa 800 Metern wachsen Feigen, Lorbeerbäume und Eukalyptus.

Die Tierwelt ist reich vertreten mit Wölfen, Luchsen, seltenen Vogelarten, Hirschen und Wildschweinen. Ebenso finden sich verwilderte Hausziegen und einige Braunbären.

Albanien wurde schon vor 100.000 Jahren von ersten Menschen besiedelt. Seither haben sich hier verschiedene Volksstämme niedergelassen und sind auch weitergezogen. Am Ende des 3. Jahrhunderts v. Chr. geriet der Balkan unter die Herrschaft des Römischen Reiches. Diese dauerte bis etwa 395 n. Chr. an, als Albanien dann die byzantinische Herrschaft über sich ergehen lassen musste. Während des 6. Jahrhunderts kam es dann zu Plünderungen durch die Slawen und zwischen den Jahren 880 und 1018 waren Teile des

Landes Bulgarien zugehörig. Ab diesem Zeitraum fielen die Normannen in Albanien ein.

Nachdem das Byzantinische Reich zerfallen war, kam es in Albanien zu vielen verschiedenen Herrschaften, die allerdings einen schnellen Wechsel durchliefen. Dennoch kam es gegen Ende des 15. Jahrhunderts zu einer Herrschaft des Osmanischen Reiches, welche mehr als 400 Jahre andauern sollte. Der größte Teil der albanischen Einwohner trat währenddessen zum islamischen Glauben über.

Erst im Jahre 1912 wurde die Unabhängigkeit Albaniens ausgerufen und auch ab 1913 international anerkannt. Jedoch kam es im ganzen Land zu Aufständen. Griechische Bürger riefen im Süden einen neuen Staat aus und in der Mitte des Landes rebellierte die muslimische Bevölkerung Albaniens. Bis 1920 war Albanien dann von den kriegsführenden Mächten besetzt.

Bis nach dem Zweiten Weltkrieg ist es Albanien nicht gelungen, einen souveränen Staat hervorzubringen. Erneut wechselten die Herrschaften einer demokratischen Republik zum Fürstentum über eine Diktatur bis hin zur Monarchie. Es ging sogar so weit, dass Albanien von den Italienern und später durch Deutschland besetzt wurde. Erst nach der Kapitulation im Zweiten Weltkrieg konnten die Grenzen Albaniens wieder hergestellt werden.

Mittlerweile hat es Albanien zum NATO-Beitritt geschafft und gehört auch anderen Kooperationen an. Der Beitritt zur Europäischen Union läuft seit 2014 und die Bürger Albaniens benötigen keinen Reisepass mehr, um in den Schengen-Raum einzureisen.

Menschenrechtlich gesehen hinkt Albanien leider noch nach, obwohl es seit 1993 Gesetze zu Grundfreiheiten und Menschenrechte gibt. Häusliche Gewalt ist nach wie vor ein Thema und auch die Polizei ist teilweise Folter und Misshandlungen nicht abgeneigt.

Sind Sie einmal Gast in diesem Land, sollten Sie sich mit den Gebräuchen des albanischen Volkes vertraut machen. Zur Begrüßung wird sich die Hand gereicht, dabei sollten Sie den Blickkontakt zu Ihrem Gegenüber halten. Achten Sie zudem auf Ihre Gestiken, denn ein Nicken mit dem Kopf bedeutet hier „Nein“ und das Kopfschütteln dagegen „Ja“. Das Zeigen mit dem Finger auf eine andere Person wird zudem als äußerst unhöflich empfunden. Damit es nicht zu weiteren Missverständnissen kommt, sollten Sie sich immer höflich und zurückhaltend geben. Ihr eigener Humor könnte hier anders interpretiert werden. Einer Einladung von Einheimischen sollten Sie immer mit einem kleinen Gastgeschenk begegnen. Bringen Sie Schokolade, eine Flasche Wein und für die Frau des Hauses einen Blumenstrauß mit ... Achtung: Die Anzahl der Blumen sollte ungerade sein, denn eine gerade Blumenanzahl wird für Beerdigungen verwendet. Ziehen Sie vor dem Betreten der Räumlichkeiten Ihre Schuhe aus und begrüßen und verabschieden Sie den Gastgeber höflich. Fangen Sie nicht als Erster mit dem Essen an, sondern erst dann, wenn Sie dazu aufgefordert werden. In der Regel werden nämlich ältere und ranghöhere Personen der Familie zuerst bedient. Nehmen Sie sich beim Essen Zeit und plaudern Sie ausgiebig.

Achten Sie zudem immer auf einen respektvollen Umgang mit dem albanischen Volk. Auch wenn es hier schon viel westliche Einflüsse gibt, so ist dieses Land immer noch muslimisch geprägt. Sollten Sie also zum Beispiel eine Moschee besuchen wollen, denken Sie an die Kleidungsvorschriften und halten Sie sich daran. Auch mit dem Fotografieren sollten Sie vorsichtig sein. Öffentliche Sehenswürdigkeiten stellen in der Regel kein Problem dar, handelt es sich aber um religiöse Stätten, könnte das Fotografieren nur in bestimmten Bereichen oder gar nicht erlaubt sein. Auf jeden Fall verboten ist das Ablichten von militärischen Anlagen und Regierungsgebäuden. Auch das Personal und Militärangehörige dürfen nicht fotografiert werden.

EINKAUFSLISTE

Vegeta: kroatisches Gewürz, in Supermärkten erhältlich
Isot Paprika: besonderes Paprikagewürz, im Internet erhältlich
Tarhana: fermentierte, getrocknete Mischung aus Joghurt, Gemüse und Mehl, im türkischen Supermarkt oder im Internet erhältlich
Filoteig: dünne Teigblätter, in türkischen Supermärkten oder gut sortieren Lebensmittelgeschäften erhältlich

Frühstück

ALBANISCHER ZWIEBELSALAT

4 Port.

60 Min.

Leicht

Zutaten

500 g Gemüsezwiebel
2 Knoblauchzehen
50 ml Weißweinessig
50 ml Rapsöl
1 TL Meersalz
Petersilie nach Belieben
schwarzer Pfeffer, reichlich, nach Belieben

Nährwerte p. P.

165 kcal
11 g Kohlenhydrate
12 g Fett
2 g Eiweiß

1 Pellen Sie die Zwiebeln und schneiden Sie sie in feine Streifen. Sie können sie auch hobeln oder in einem Multizerkleinerer in kleine Stücke hacken. Geben Sie die Zwiebeln in eine Schüssel und verkneten Sie das Salz darin. Stellen Sie sie für etwa 30 Minuten zum Ziehen beiseite.

2 Währenddessen pellen Sie den Knoblauch und hacken ihn in feine Stücke. Kneten Sie die Zwiebeln noch einmal durch. Die austretende Flüssigkeit belassen Sie in den Zwiebeln. Würzen Sie sie nun mit reichlich Pfeffer und verrühren dann das Rapsöl darin. Nun geben Sie den Essig hinein und vermengen ihn mit den Zutaten. Zum Schluss vermischen Sie den Knoblauch im Salat.

3 Spülen Sie die Petersilie ab und hacken Sie sie in grobe Stücke. Vermischen Sie sie im Zwiebelsalat. Zum Servieren können Sie noch etwas gehackte Petersilie auf die Oberfläche streuen.

SALLATË ME SPECA TË GJELBËR |

GRÜNER PAPRIKASALAT MIT PFEFFER

6 Port. 35 Min. Leicht

Zutaten

18 Paprika, grün
1 EL Essig
2 EL Olivenöl
3 Knoblauchzehen
½ TL Pfeffer
½ TL Salz

Nährwerte p. P.

72 kcal
7 g Kohlenhydrate
5 g Fett
1 g Eiweiß

1 Säubern Sie die Paprika und schneiden Sie sie in kleine Würfel. Pellen Sie den Knoblauch und schneiden Sie ihn ebenfalls in kleine Würfel.

2 Verteilen Sie die Paprikawürfel auf einem Backblech und verteilen Sie die Knoblauchwürfel darüber. Würzen Sie nach Belieben mit Salz und Pfeffer und gießen Sie das Olivenöl dazu. Vermischen Sie alle Zutaten miteinander und verteilen Sie alles wieder gleichmäßig auf dem Blech.

3 Heizen Sie den Backofen auf 180 °C mit Umluftfunktion vor und garen Sie die Zutaten für etwa 30 Minuten. Nach der halben Garzeit rühren Sie alles einmal um und verteilen es wieder gleichmäßig.

4 Nach der Garzeit geben Sie den Salat in eine Schüssel und verteilen den Essig darüber. Sie können die Speise heiß oder kalt servieren.

Suppen

PASUL |

BOHNENSUPPE

4 Port.

13 Min.

Mittel

Zutaten

350 g Bohnen, weiß, getrocknet
1 Zwiebel
1 Peperoni, rot, nach Belieben
Sahne nach Belieben
1 EL Margarine
1 EL Öl
2 TL Paprikapulver, edelsüß
1 TL Mehl, kein Muss, aber die Suppe wird sämiger
Pfeffer nach Belieben
Salz nach Belieben

Nährwerte p. P.

350 kcal
58 g Kohlenhydrate
5 g Fett
20 g Eiweiß

1 Weichen Sie die Bohnen einen Tag vorher in heißem Wasser ein, am besten über Nacht. Dadurch verringert sich die Kochzeit am Zubereitungstag.

2 Geben Sie die abgetropften Bohnen in einen Topf und fügen Sie die Margarine bei. Gießen Sie so viel Wasser auf, dass die Bohnen komplett bedeckt sind. Kochen Sie die Bohnen bei mittlerer Temperatur, bis sie weich sind. Anschließend stellen Sie den Topf zur weiteren Verwendung beiseite.

3 Währenddessen pellen Sie die Zwiebel und schneiden sie in kleine Würfel. Säubern Sie die Peperoni, falls Sie eine verwenden möchten und schneiden Sie sie in kleine Stücke. Erhitzen Sie das Öl in einer Pfanne und braten Sie die Zwiebeln und gegebenenfalls die Peperoni darin glasig an. Verrühren Sie das Paprikapulver mit den Zwiebeln und geben Sie, wenn Sie möchten, jetzt das Mehl dazu. Löschen Sie alles mit dem Kochsud der Bohnen ab und verrühren Sie die Zutaten zügig mit einem Schneebesen, damit sich keine Klumpen bilden.

4 Geben Sie den Pfanneninhalt zu den Bohnen in den Topf und schmecken Sie alles mit Salz und Pfeffer ab. Nach Belieben fügen Sie nun etwas Sahne dazu. Köcheln Sie die Suppe bei niedriger Temperatur für etwa 30 Minuten.

5 Zum Servieren reichen Sie ein frisches Brot dazu.

Tipp: Nach Belieben können Sie mit den Bohnen auch ein Stück Rind- oder Lammfleisch kochen und anschließend klein geschnitten in die Suppe geben.

ALBANISCHE EIERSUPPE

4 Port. 15 Min. Einfach

Zutaten

2 Liter Wasser
Gemüsebrühe, instant, nach Belieben
1 EL Maismehl
1 Ei
1 EL Wasser

Nährwerte p. P.

71 kcal
7 g Kohlenhydrate
3 g Fett
3 g Eiweiß

1 Gießen Sie die 2 Liter Wasser in einen Topf und kochen Sie es auf. Anschließend verrühren Sie die Gemüsebrühe darin.

2 Währenddessen geben Sie das Ei in eine Schüssel und vermischen es mit dem Maismehl und dem Esslöffel Wasser.

3 Nun geben Sie die Eimischung in die heiße Brühe und rühren alles kurz durch. Kochen Sie die Suppe noch einmal kurz auf.

Tipp: Nach Belieben können Sie auch mehr „Einlage" vorbereiten und einrühren. Verwenden Sie zum Beispiel die doppelte oder dreifache Menge der Eimischung.

ALBANISCHE KARTOFFELSUPPE

6 Port. 120 Min. Einfach

Zutaten

800 g Kartoffeln
1 kg Rindfleisch, falsches Filet
2 Liter Wasser
2 Zwiebeln
1 Tube Tomatenmark
2 EL Olivenöl
Oregano, getrocknet, nach Belieben
Pfeffer nach Belieben
Salz nach Belieben

Nährwerte p. P.

341 kcal
29 g Kohlenhydrate
9 g Fett
34 g Eiweiß

1 Schneiden Sie das Fleisch in Würfel oder Streifen. Schälen Sie die Kartoffeln und schneiden Sie sie in kleine Würfel. Pellen Sie die Zwiebeln und hacken Sie sie in kleine Stücke.

2 Erhitzen Sie das Olivenöl in einem ausreichend großen Topf und braten Sie das Fleisch und die Zwiebeln darin an. Würzen Sie nach Belieben mit Oregano, falls gewünscht, Salz und Pfeffer und verrühren Sie das Tomatenmark in den Zutaten. Nach kurzem Braten löschen Sie alles mit dem Wasser ab. Fügen Sie die Kartoffelwürfel bei und köcheln Sie die Suppe für etwa 90 Minuten bei mittlerer Temperatur.

Tipp: Für dieses Rezept eignet sich auch die Verwendung von Rinderhackfleisch. Die Kochzeit verkürzt sich dann auf 50 Minuten.

TARHANA-SUPPE

2 Port. 30 Min. Einfach

Zutaten

500 ml Wasser
2 EL Öl
3 EL Tarhana
1 EL Pfefferminzgewürz
1 EL Tomatenmark
1 TL Paprikapulver, rosenscharf
Pfeffer nach Belieben
Salz nach Belieben

Nährwerte p. P.

239 kcal
2 g Kohlenhydrate
26 g Fett
0 g Eiweiß

1 Erhitzen Sie das Öl in einem Topf und streuen Sie unter Rühren das Pfefferminzgewürz und das Paprikapulver hinein. Anschließend geben Sie das Tomatenmark und das Tarhana hinzu und dünsten alles für ein paar Minuten an. Verrühren Sie die Zutaten währenddessen immer wieder.

2 Gießen Sie das Wasser in den Topf und würzen Sie die Suppe mit Salz und Pfeffer. Kochen Sie sie unter Rühren kurz auf. Anschließend reduzieren Sie die Temperatur auf die niedrigste Stufe und köcheln die Suppe für etwa 12 Minuten.

3 Zum Servieren reichen Sie Baguette oder Toastbrot als Beilage.

TARATOR | KALTE GURKENSUPPE

4 Port. 30 Min. Einfach

Zutaten

500 g Joghurt, natur
200 g Walnüsse, gerieben
300 ml Wasser, kalt
3 EL Olivenöl
1 Salatgurke
4 Knoblauchzehen
1 Bund Dill
Weißweinessig
Pfeffer nach Belieben
Salz nach Belieben

Nährwerte p. P.

546 kcal
14 g Kohlenhydrate
47 g Fett
16 g Eiweiß

1 Schälen Sie die Gurke und reiben Sie sie in groben Stücken in eine Rührschüssel. Pellen Sie den Knoblauch und pressen Sie ihn zur Gurke. Spülen Sie den Dill ab, hacken Sie ihn in kleine Stücke und vermischen Sie ihn mit den Zutaten in der Rührschüssel. Geben Sie den Joghurt, das Olivenöl und das Wasser dazu und verrühren Sie alles sorgfältig miteinander.

2 Würzen Sie die Suppe nach Belieben mit Salz und Pfeffer und schmecken Sie sie mit dem Weißweinessig ab. Füllen Sie die Suppe in eine Terrine und garnieren Sie sie mit der geriebenen Walnuss.

Brote

FLI |

GEFÜLLTES BROT

6 Port.

55 Min.

Mittel

Zutaten

Teig:

1 kg Mehl
1 Liter Wasser
1 Stck. Butter, geschmolzen
1 Prise Salz

Füllung:

2 Becher Schmand
400 g Sahne
200 g Naturjoghurt
100 g Butter, geschmolzen
1 Prise Salz

Nährwerte p. P.

203 kcal
28 g Kohlenhydrate
8 g Fett
4 g Eiweiß

1 Geben Sie alle Zutaten für den Teig in eine Rührschüssel. Vermischen Sie sie, bis ein dickflüssiger Teig entsteht. Fügen Sie gegebenenfalls etwas mehr Mehl oder Wasser hinzu.

2 Nun geben Sie alle Zutaten für die Füllung in eine Rührschüssel und vermischen diese. Schmecken Sie sie mit Salz ab.

3 Fetten Sie eine runde Backform (Größe in etwa wie eine Springform) ein. Füllen Sie mit einem Esslöffel den Teig in „Strahlen" vom Rand bis zur Mitte. Es sieht dann wie eine Sonne aus.

4 In die freien Flächen streichen Sie nun mit einem Esslöffel die Füllung, sodass der ganze Boden bedeckt ist.

5 Heizen Sie den Backofen auf 250 °C mit Oberhitze vor. Backen Sie den Teig auf der oberen Schiene für wenige Minuten, bis er eine bräunliche Färbung bekommt. Nehmen Sie die Form aus dem Ofen.

6 Nun wiederholen Sie Schritt 3 und 4, füllen aber den Teig auf die Füllung und die Füllung auf den Teig. Backen Sie ihn wieder für wenige Minuten und fahren Sie dann so lange fort, bis der Teig aufgebraucht ist.

7 Achtung: Behalten Sie von der Füllung etwas über, welche Sie nach dem letzten Backgang auf das gesamte Fli streichen. Legen Sie ein Tuch darüber und stellen Sie die Form für etwa 15 Minuten beiseite.

8 Servieren Sie das Fli, solange es noch warm ist.

Tipp: Da dieses Brot sehr herzhaft ist, können Sie Gemüse und/oder Joghurt dazuservieren.

KIFLICE |

HÖRNCHEN

40 Port.

120 Min.

Mittel

Zutaten

500 ml Milch, lauwarm
350 ml Pflanzenöl
1 kg Mehl
1 Würfel Hefe
2 Eier
1 EL Salz
4 EL Zucker
1 Eigelb
etwas Milch
Sesam nach Belieben

Nährwerte p. P.

176 kcal
20 g Kohlenhydrate
9 g Fett
3 g Eiweiß

1 Geben Sie alle Zutaten in eine große Rührschüssel und stellen Sie einen geschmeidigen Hefeteig her. Stellen Sie die Schüssel zum Gehen für etwa 60 Minuten an einen warmen Ort.

2 Heizen Sie den Backofen auf 180 °C mit Ober- und Unterhitze vor und belegen Sie 2 Bleche mit Backpapier.

3 Bestreuen Sie eine geeignete Arbeitsfläche mit Mehl und kneten Sie den Teig noch einmal gut durch. Nun zerteilen Sie ihn in 5 gleich große Stücke. Rollen Sie jedes Teigstück rund aus. Sie sollen einen Durchmesser von etwa 30 bis 40 Zentimetern erreichen. Schneiden Sie aus jedem rund ausgerollten Teigstück 8 „Tortenstücke“ aus. Anschließend rollen Sie die Teigdreiecke wie ein Hörnchen von der langen Seite zur Spitze auf. Verteilen Sie die Teighörnchen auf den Backblechen.

4 Verrühren Sie das Eigelb mit etwas Milch und bestreichen Sie die Hörnchen damit. Wenn Sie möchten, können Sie jetzt etwas Sesam über die Hörnchen verteilen.

5 Backen Sie die Hörnchen für etwa 25 bis 30 Minuten im Backofen, bis sie eine goldgelbe Farbe angenommen haben.

Tipp: Sie können die Teigstücke auch vor dem Backen befüllen. Dazu eignen sich zum Beispiel Schinken, Käse, Fetakäse, aber auch Nutella oder Marmelade.

KULAÇ |

JOGHURTBROT

 6 Port.

 60 Min.

 Einfach

Zutaten

500 g Joghurt, griechischer
450 g Mehl
1 TL Backpulver
½ TL Salz
Olivenöl zum Bestreichen

Nährwerte p. P.

379 kcal
57 g Kohlenhydrate
12 g Fett
10 g Eiweiß

1 Geben Sie das Mehl, das Backpulver und das Salz in eine Rührschüssel und vermischen Sie alles miteinander. Formen Sie in der Mitte eine Mulde und füllen Sie den Joghurt dorthinein. Verrühren Sie alle Zutaten zu einem Teig.

2 Bereiten Sie eine bemehlte Arbeitsfläche vor und kneten Sie den Teig noch einmal gründlich durch. Sollte er noch zu klebrig sein, geben Sie etwas Mehl hinzu.

3 Heizen Sie den Backofen auf 200 °C mit Umluftfunktion vor und bestreichen Sie ein Backblech mit Olivenöl. Legen Sie den Teig auf das Blech und drücken Sie ihn kreisförmig flach. Die Höhe soll bei etwa 5 Zentimetern liegen. Anschließend bestreichen Sie die Oberfläche großzügig mit Olivenöl. Stechen Sie dann mit einer Gabel mehrere Löcher hinein.

4 Schieben Sie das Blech auf die unterste Schiene des Backofens und backen Sie den Teig für etwa 40 Minuten, bis er eine goldige Farbe angenommen hat.

5 Stellen Sie das Brot zum Abkühlen beiseite und schneiden Sie es zum Servieren in Scheiben.

SAMUNA |

ALBANISCHES FLADENBROT

10 Port. 120 Min. Einfach

Zutaten

400 ml Milch, lauwarm
400 ml Wasser
1 kg Mehl
1 EL Rapsöl
1 EL Zucker
2 TL Salz
1 Pck. Trockenhefe

Nährwerte p. P.

386 kcal
74 g Kohlenhydrate
4 g Fett
12 g Eiweiß

1 Vermischen Sie die lauwarme Milch mit dem Wasser und verrühren das Salz, den Zucker sowie das Öl darin. Nun geben Sie das Mehl und die Hefe hinein und verkneten alles zu einem geschmeidigen Teig.

2 Decken Sie die Schüssel ab und stellen Sie sie für etwa 1 Stunde an einen warmen Ort. Währenddessen bereiten Sie eine bemehlte Arbeitsfläche vor. Legen Sie den Teig auf die Arbeitsfläche und bestäuben Sie ihn großzügig mit Mehl, damit er nicht an Ihren Händen kleben bleibt. Formen Sie einen länglichen Laib daraus. Sollte das Teigstück zu groß sein, teilen Sie es vorher in 2 gleich große Stücke.

3 Schneiden Sie 12 Teile (je 6 bei Teilung des Teiges) ab. Bemehlen Sie zwischendurch immer wieder die Arbeitsfläche und Ihre Hände. Formen Sie aus jedem Teigstück eine Kugel und legen Sie sie auf ein bemehltes Küchentuch. Belegen Sie ein Blech mit Backpapier.

4 Nehmen Sie jedes Teigstück in die Hände und ziehen Sie sie zu einem Fladen auseinander. Legen Sie sie auf das Blech und drücken Sie mit den Fingerspitzen Mulden hinein. Stellen Sie das Blech für 15 Minuten zum Gehen beiseite.

5 Anschließend stechen Sie mit einem Holzspieß Löcher in die Fladen und bestreichen ihn mit Wasser. Heizen Sie den Backofen auf 200 °C mit Umluftfunktion vor.

6 Backen Sie die Teigstücke für etwa 20 bis 25 Minuten, bis sie eine goldgelbe Farbe angenommen haben.

LEPINJE |

BALKAN-FLADENBROT

6 Port. 120 Min. Einfach

Zutaten

250 ml Wasser
400 g Mehl
50 ml Olivenöl
1 Pck. Trockenhefe
1 TL Sesam
1 TL Salz
1 EL Mehl zum Bestreuen

Nährwerte p. P.

317 kcal
48 g Kohlenhydrate
10 g Fett
8 g Eiweiß

1 Geben Sie alle Zutaten in eine große Rührschüssel und verkneten Sie sie zu einem glatten Teig. Stellen Sie die Schüssel für 60 Minuten zum Gehen an einen warmen Ort.

2 Teilen Sie den Teig auf einer bemehlten Arbeitsfläche in 6 gleich große Stücke. Formen Sie daraus flache Fladen, die Sie nun auf einem mit Backpapier belegten Blech verteilen. Schneiden Sie sie kreuzweise ein und streuen Sie den Sesam und das Mehl darüber. Stellen Sie das Blech abermals zum Gehen an einen warmen Ort, es genügen diesmal 30 Minuten.

3 Währenddessen heizen Sie den Backofen oder besser einen Grill mit Deckel vor. Es wird für diese Fladenbrote eine sehr hohe Temperatur von 300 °C benötigt.

4 Backen Sie die Fladenbrote für etwa 7 bis 8 Minuten im Grill mit geschlossenem Deckel oder im Backofen.

5 Nach dem Backen decken Sie die Fladenbrote mit einem feuchten Küchentuch ab, damit die Kruste schön knusprig wird.

KUKURUZA |

MAISBROT

6 Port. 60 Min. Einfach

Zutaten

300 g Maismehl, grob
300 g Maismehl, fein
600 ml Wasser, kochend
2 EL Mehl, Type 405
2 EL Zucker
3 EL Joghurt, natur

Nährwerte p. P.

391 kcal
74 g Kohlenhydrate
5 g Fett
10 g Eiweiß

1 Heizen Sie den Backofen auf 200 °C mit Ober- und Unterhitze vor und belegen Sie ein Blech mit Backpapier. Geben Sie alle trockenen Zutaten in eine Rührschüssel und vermischen Sie sie miteinander. Anschließend geben Sie nach und nach das heiße Wasser dazu und verrühren es mit einem Kochlöffel. Hat sich der Teig etwas abgekühlt, kneten Sie ihn mit den Händen noch einmal gründlich durch.

2 Wenn Sie eine konisch zulaufende Schüssel haben, füllen Sie den Teig dorthinein und drücken ihn gründlich fest. Anschließend stürzen Sie den Teig auf das Blech und formen ihn mit den Händen zu einem rundlichen Laib. Bestreichen Sie ihn mit dem Joghurt.

3 Alternativ können Sie den Teig auch in eine Spring- oder runde Backform füllen. Auch hier drücken Sie ihn gründlich fest und bestreichen die Oberfläche mit dem Joghurt.

4 Schieben Sie das Blech / die Form auf die mittlere Schiene des Backofens und backen Sie ihn für etwa 40 Minuten. Nach dem Backen bestreichen Sie die Oberfläche mit etwas Wasser und stellen das Maisbrot zum Abkühlen beiseite.

5 Bröckeln Sie kleine Stücke des Brotes in eine Schüssel und vermischen Sie sie mit heißer Milch. Sie können die Brotstücke auch mit einem Joghurt Ihrer Wahl vermischen und genießen. Ebenso können Sie es auch mit verschiedenem Obst gemischt servieren.

Hauptgerichte mit Fleisch & Geflügel

ALBANISCHER SPINATTOPF

4 Port. 25 Min. Einfach

Zutaten

500 g Hackfleisch
300 g Spinat, TK oder frisch
80 g Reis
1 Möhre
1 Zwiebel
3 Knoblauchzehen
4 Becher Vollmilchjoghurt
3 EL Öl oder Butterschmalz
Brühe, gekörnt, nach Belieben
Paprikapulver nach Belieben
Pfeffer nach Belieben

Nährwerte p. P.

614 kcal
27 g Kohlenhydrate
41 g Fett
34 g Eiweiß

1 Pellen Sie die Zwiebel und den Knoblauch und schneiden Sie beides in kleine Stücke. Erhitzen Sie das Öl/Butterschmalz in einer Pfanne und braten Sie die Zwiebel und den Knoblauch darin an. Fügen Sie das Hackfleisch bei und braten Sie es krümelig an. Würzen Sie es nach Belieben mit dem Brühpulver, dem Pfeffer und dem Paprikapulver.

2 Schälen Sie die Möhre und raspeln Sie sie in die Pfanne. Verrühren Sie den Pfanneninhalt und geben Sie den Spinat dazu. Gießen Sie so viel Wasser auf, dass alle Zutaten bedeckt sind, und rühren Sie noch einmal um.

3 Kochen Sie alles kurz auf und vermischen Sie den Reis darin. Reduzieren Sie die Temperatur auf die niedrigste Stufe und köcheln Sie die Speise, bis der Reis gar ist.

4 Zum Servieren richten Sie den Eintopf auf 4 tiefen Tellern an und verrühren je einen Becher Joghurt darin. Als Beilage können Sie ein frisches Weißbrot reichen.

MISH JAHNI ME PATATE |

GULASCH MIT KARTOFFELN

3 Port.

130 Min.

Einfach

Zutaten

750 g Rindergulasch
6 Kartoffeln, mittelgroß
8 Zwiebeln, mittelgroß
500 ml Wasser, heiß
125 g Butter
3 Lorbeerblätter
2 TL Tomatenmark
1 TL Paprikapulver, edelsüß
1 TL Speisestärke
Pfeffer nach Belieben
Salz nach Belieben

Nährwerte p. P.

1.024 kcal
42 g Kohlenhydrate
68 g Fett
57 g Eiweiß

1 Pellen Sie die Zwiebeln und schneiden Sie sie in grobe Stücke. Erhitzen Sie die Butter in einem ausreichend großen Topf und geben Sie das Gulasch und die Zwiebeln hinein. Köcheln Sie die Zutaten bei niedriger Temperatur für etwa 30 Minuten. Das Fleisch muss nicht angebraten werden.

2 Anschließend verrühren Sie das Paprikapulver und die Speisestärke mit den Zutaten im Topf. Gießen Sie das heiße Wasser auf und köcheln Sie die Speise bei niedriger Temperatur für weitere 60 Minuten.

3 In der Zwischenzeit schälen Sie die Kartoffeln und schneiden sie in mundgerechte Stücke. Verrühren Sie das Tomatenmark im Gulasch und geben Sie die Lorbeerblätter und die Kartoffeln dazu. Würzen Sie nach Belieben mit Pfeffer und Salz.

4 Geben Sie bei Bedarf noch etwas heißes Wasser dazu, die Zutaten dürfen gerne etwas „schwimmen". Köcheln Sie die Speise für weitere 20 Minuten und schmecken Sie sie danach noch einmal mit den Gewürzen ab. Zum Servieren entfernen Sie die Lorbeerblätter.

ALBANISCHER HÄHNCHENREIS

4 Port. | 90 Min. | Einfach

Zutaten

4 Hähnchenschenkel
200 g Reis
4 Tomaten
1 Glas Tomatenpaprika
2 Zwiebeln
Brühe, gekörnt, nach Belieben
Paprikapulver nach Belieben
Öl zum Braten
Pfeffer nach Belieben
Salz nach Belieben

Nährwerte p. 100 g

380 kcal
33 g Kohlenhydrate
25 g Fett
7 g Eiweiß

1 Geben Sie die Hähnchenschenkel in einen großen Topf mit Salzwasser und kochen Sie diese, bis sie gar sind.

2 Verteilen Sie den ungekochten Reis in einer Auflaufform. Schneiden Sie die Tomatenpaprika in Streifen und verteilen Sie sie auf dem Reis. Die Tomaten schneiden Sie in Achtelstücke und verteilen sie ebenfalls auf dem Reis.

3 Pellen Sie die Zwiebeln und schneiden Sie sie in kleine Würfel. Erhitzen Sie das Öl in einer Pfanne und braten Sie die Zwiebeln darin an. Würzen Sie sie mit reichlich Paprikapulver und schwitzen Sie alles kurz an. Anschließend verteilen Sie die Zwiebeln in der Auflaufform.

4 Nehmen Sie die Hähnchenschenkel aus dem Topf. Gießen Sie einen Teil der Brühe über den Reis und vermischen Sie nun alle Zutaten in der Auflaufform. Würzen Sie nach Belieben mit der gekörnten Brühe, dem Pfeffer und dem Salz. Legen Sie nun die Hähnchenschenkel auf die Reismischung und würzen Sie diese auch mit Salz, Pfeffer und Paprikapulver.

5 Heizen Sie den Backofen auf 200 °C mit Ober- und Unterhitze oder 180 °C mit Umluftfunktion vor. Garen Sie die Speise für etwa 45 Minuten. Zwischendurch gießen Sie immer wieder etwas von der Hähnchenbrühe dazu. Die Hähnchenpfanne ist fertig, wenn die Flüssigkeit aufgesogen wurde und der Reis gar ist.

Tipp: Sie können auch anderes Gemüse verwenden oder es zusätzlich zugeben.

ALBANISCHE LEBER

3 Port. 25 Min. Einfach

Zutaten

450 g Rinderleber
3 Tomaten
3 Zwiebeln, rot
1 Bund Petersilie
3 EL Sonnenblumenöl
2 EL Mehl
1 Prise Cayennepfeffer
Isot Paprika nach Belieben
Pfeffer nach Belieben
Salz nach Belieben

Nährwerte p. 100 g

132 kcal
5 g Kohlenhydrate
4 g Fett
19 g Eiweiß

1 Pellen Sie die Zwiebeln und schneiden Sie sie in Ringe. Ziehen Sie die Zwiebelringe auseinander und geben Sie sie in eine Schüssel. Würzen Sie die Zwiebeln kräftig mit Salz und stellen Sie sie für 10 Minuten beiseite. Anschließend geben Sie die Zwiebelringe in ein Sieb und spülen sie gründlich ab.

2 Spülen Sie die Petersilie ab und schütteln Sie sie trocken. Schneiden Sie die Blätter in feine Streifen und mischen Sie sie zu den Zwiebeln. Würzen Sie sie mit Isot Paprika.

3 Schneiden Sie die Leber in Streifen und wenden Sie sie im Mehl. Erhitzen Sie das Sonnenblumenöl in einer Pfanne und braten Sie die Leber unter mehrfachem Wenden darin an. Anschließend braten Sie die Leber für 3 bis 4 Minuten weiter, bis sie gar ist. Würzen Sie die Leber mit Cayennepfeffer, Pfeffer und Salz.

4 Schneiden Sie die Tomaten in Achtelstücke. Richten Sie die gebratene Leber auf Tellern an und geben Sie die Zwiebelringe und die Tomatenstücke dazu.

5 Zum Servieren reichen Sie ein Fladenbrot dazu.

ALBANISCHER LAMMTOPF

 4 Port.  90 Min.  Einfach

Zutaten

1 kg Lammgulasch
3 Zwiebeln
2 Eier
5 Knoblauchzehen
500 g Kartoffeln
500 g Bohnen, grün, frisch
500 g Joghurt
Öl zum Braten
Thymian nach Belieben
Rosmarin nach Belieben
Pfeffer nach Belieben
Salz nach Belieben

Nährwerte p. 100 g

129 kcal
12 g Kohlenhydrate
3 g Fett
13 g Eiweiß

1 Pellen Sie die Zwiebeln und den Knoblauch und schneiden Sie beides in kleine Stücke. Säubern Sie die Bohnen und kochen Sie sie in Salzwasser gar. Schälen Sie die Kartoffeln und kochen Sie sie in Salzwasser, bis sie gar sind.

2 Erhitzen Sie das Öl in einem Topf und braten Sie das Fleisch rundherum darin an. Geben Sie die Zwiebeln und den Knoblauch dazu und würzen Sie alles nach Belieben mit Salz, Pfeffer, Thymian und Rosmarin. Löschen Sie die Zutaten mit der gewünschten Menge Wasser ab. Füllen Sie den Pfanneninhalt in eine ofenfeste Form. Heizen Sie den Backofen auf 170 °C mit Umluftfunktion vor.

3 Füllen Sie den Joghurt in eine Rührschüssel und vermischen Sie ihn mit den Eiern. Würzen Sie die Marinade nach Belieben mit Salz und Pfeffer und gießen Sie sie über das Fleisch.

4 Garen Sie die Speise für etwa 30 Minuten auf der mittleren Schiene im Backofen.

5 Servieren Sie den Lammtopf mit den gekochten Bohnen und den Kartoffeln.

TAVË KOSI |

LAMMAUFLAUF IN JOGHURTSOßE

 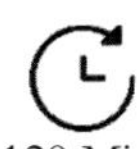 

4 Port. 120 Min. Einfach

Zutaten

1 kg Lammfleisch
1 kg Joghurt, natur
300 ml Fleischbrühe vom Kochen
5 Eier
50 g Butter
einige Butterflöckchen
3 EL Mehl
2 EL Reis
1 EL Paprikapulver
Gewürze nach Belieben
2 TL Salz

Nährwerte p. P.

725 kcal
32 g Kohlenhydrate
35 g Fett
71 g Eiweiß

1 Geben Sie das Fleisch in einen Topf und füllen Sie so viel Wasser hinzu, dass es damit bedeckt ist. Vermischen Sie das Salz darin und nach Belieben auch weitere Gewürze. Legen Sie einen Deckel auf und kochen Sie das Fleisch bei mittlerer Temperatur für etwa 2 Stunden. Anschließend holen Sie das Fleisch heraus und schneiden es in mundgerechte Stücke. Die Brühe geben Sie durch ein Sieb und stellen sie zur weiteren Verwendung beiseite.

2 Geben Sie die Butter in einen Topf und erhitzen Sie sie. Verrühren Sie das Mehl darin und geben Sie die oben genannte Menge von der Brühe dazu. Rühren Sie dabei ständig um, damit es keine Klumpen gibt. Es soll ein cremiger Brei entstehen. Stellen Sie diesen zum Abkühlen beiseite.

3 Heizen Sie den Backofen auf 220 °C mit Umluftfunktion vor. Schlagen Sie die Eier in eine Schüssel und verquirlen Sie sie. Rühren Sie portionsweise den Joghurt dazu und fügen Sie am Ende die abgekühlte Mehlschwitze bei. Vermischen Sie alles zu einer geschmeidigen Masse. Schmecken Sie sie mit Salz und nach Belieben mit weiteren Gewürzen ab. Nun vermischen Sie den Reis darin.

4 Verteilen Sie die Fleischstücke in einer Auflaufform und gießen Sie die Joghurtmischung darüber. Streuen Sie großzügig das Paprikapulver auf die Oberfläche und platzieren Sie einige Butterflöckchen darauf.

5 Schieben Sie die Speise auf die mittlere Schiene des Backofens und garen Sie sie für etwa 20 Minuten. Heben Sie mit einem Löffel die Fleischstücke an, sodass sich die Oberfläche der Speise verändert. Garen Sie sie für weitere 10 Minuten im Backofen.

6 Lockern Sie die Oberfläche der Joghurtmasse noch einmal auf, damit sie nicht zu braun wird. Geben Sie die Speise noch einmal für 10 Minuten in den Ofen.

7 Zum Servieren reichen Sie Salat und Brot dazu.

MISH ME LAKNA |
KOHLEINTOPF

4 Port.

270 Min.

Einfach

Zutaten

500 g Kalbshaxe
2 Zwiebeln
2 Tomaten
1 Weißkohl
2 EL Rapsöl
Vegeta nach Belieben
Paprikapulver nach Belieben
Pfeffer nach Belieben
Salz nach Belieben

Nährwerte p. P.

253 kcal
12 g Kohlenhydrate
8 g Fett
30 g Eiweiß

1 Pellen Sie die Zwiebeln und schneiden Sie sie in kleine Würfel. Entfernen Sie die Haut von den Tomaten und schneiden Sie sie in kleine Stücke. Schneiden Sie das Fleisch in mundgerechte Stücke. Schneiden Sie den Weißkohl in Streifen.

2 Erhitzen Sie das Öl in einem großen Topf und braten Sie die Zwiebeln und die Tomaten darin an. Würzen Sie das Gemüse nach Belieben mit Paprikapulver, Vegeta, Pfeffer und Salz.

3 Anschließend geben Sie die Fleischstücke in den Topf und köcheln alles für ein paar Minuten bei mittlerer Temperatur. Nun geben Sie den Weißkohl dazu und verrühren alles miteinander. Sollte er nicht in ganzer Menge hineinpassen, geben Sie ihn portionsweise hinein.

4 Köcheln Sie alle Zutaten bei niedriger Temperatur für etwa 4 Stunden. Rühren Sie zwischendurch immer wieder um und achten Sie darauf, dass die Speise nicht anbrennt. Gießen Sie gegebenenfalls etwas Wasser auf.

PULE ME ORIZ |

HÄHNCHEN MIT REIS

4 Port.

90 Min.

Mittel

Zutaten

4 Hähnchenschenkel
300 g Reis
2 Zwiebeln
2 Tomaten
2 Spitzpaprika
4 EL Rapsöl
1 EL Paprikapulver
1 TL Paprikapulver für die Schenkel
Vegeta nach Belieben
Pfeffer nach Belieben
Salz nach Belieben

Nährwerte p. P.

728 kcal
65 g Kohlenhydrate
28 g Fett
51 g Eiweiß

1 Geben Sie die Hähnchenschenkel in einen Topf mit Salzwasser und köcheln Sie sie, bis sie gar sind. Anschließend nehmen Sie sie aus der Brühe und würzen sie mit Salz, Pfeffer und Paprikapulver.

2 In der Zwischenzeit pellen Sie die Zwiebeln und schneiden sie in kleine Würfel. Entfernen Sie die Haut von den Tomaten und schneiden Sie sie in Würfel. Säubern Sie die Paprika und schneiden Sie sie in kleine Stücke. Geben Sie den Reis in ein Sieb und spülen Sie ihn gründlich durch, damit er an Stärke verliert.

3 Erhitzen Sie das Öl in einer Pfanne und braten Sie die Zwiebeln darin glasig an. Vermischen Sie das Paprikapulver mit den Zwiebeln und fügen Sie den Reis bei. Rühren Sie so lange um, bis der Reis alle Flüssigkeit aufgesogen hat. Nun gießen Sie 2 Kellen der Hähnchenbrühe dazu und kochen alles kurz auf.

4 Füllen Sie den Pfanneninhalt in eine Auflaufform. Gießen Sie so viel von der Brühe dazu, bis der Reis bedeckt ist. Heizen Sie den Backofen auf 180 °C mit Umluftfunktion vor und stellen Sie die Form auf die mittlere Schiene. Garen Sie die Speise für etwa 30 Minuten. Prüfen Sie zwischendurch, ob Sie noch etwas Brühe zufügen müssen.

5 Nun verteilen Sie die Hähnchenschenkel auf dem Reis und geben alles für weitere 20 Minuten in den Backofen. Übergießen Sie die Schenkel zwischendurch mit etwas Brühe. Am Ende der Garzeit soll der Reis die gesamte Flüssigkeit aufgenommen haben.

FËRGESË TIRANE |
LAMM-AUFLAUF

4 Port. 150 Min. Einfach

Zutaten

600 g Lammhüfte, alternativ mageres Kalbfleisch
500 g Quark
4 Zwiebeln
4 Knoblauchzehen
8 Spitzpaprika, rot
1 ½ kg Tomaten
etwas Wasser zum Ablöschen
Olivenöl zum Braten
Pfeffer nach Belieben
Salz nach Belieben

Nährwerte p. P.

565 kcal
34 g Kohlenhydrate
23 g Fett
49 g Eiweiß

1 Pellen Sie die Zwiebeln und schneiden Sie sie in kleine Würfel. Pellen Sie den Knoblauch und pressen Sie ihn in ein Schälchen. Säubern Sie die Spitzpaprika und die Tomaten und schneiden Sie sie in kleine Würfel. Teilen Sie das Fleisch in mundgerechte Stücke.

2 Erhitzen Sie das Öl in einer großen Pfanne und dünsten Sie die Zwiebeln darin an. Anschließend geben Sie das Fleisch dazu und braten es für einige Minuten an. Nun fügen Sie die Paprikawürfel zum Fleisch und verrühren alles miteinander. Zum Schluss mischen Sie den Knoblauch dazu.

3 Gießen Sie etwas Wasser auf, um das Angebratene vom Pfannenboden zu lösen. Vermischen Sie nun die Tomaten mit den Zutaten und würzen Sie die Speise mit reichlich Salz und Pfeffer nach Belieben. Rühren Sie 400 g des Quarks unter und kochen Sie alles einmal kurz auf. Reduzieren Sie die Temperatur auf die niedrigste Stufe und köcheln Sie die Zutaten für etwa 1 bis 1 ½ Stunden.

4 Nach der Garzeit füllen Sie den Pfanneninhalt in eine Auflaufform und verteilen die übrige Menge Quark darauf. Heizen Sie den Backofen auf 250 °C mit Umluftfunktion vor und überbacken Sie den Auflauf für 15 bis 20 Minuten, bis Sie die gewünschte Bräune auf der Oberfläche erhalten.

5 Reichen Sie zum Servieren ein frisches Brot, Baguette und/oder Salat dazu.

TAVË ME PRESH |

LAUCH-AUFLAUF

4 Port.

80 Min.

Einfach

Zutaten

500 g Hackfleisch vom Lamm
500 g Lauch
700 ml Lammbrühe, alternativ herkömmliche Brühe
3 Paprika, geröstet
1 Knoblauchzehe
1 Zwiebel
1 TL Paprikapulver
Olivenöl zum Braten
Pfeffer nach Belieben
Salz nach Belieben

Nährwerte p. P.

479 kcal
24 g Kohlenhydrate
33 g Fett
24 g Eiweiß

1 Säubern Sie den Lauch und schneiden Sie ihn in dünne Ringe. Pellen Sie die Zwiebel und den Knoblauch und schneiden Sie beides in kleine Würfel. Schneiden Sie ebenso die Paprikastücke in kleine Würfel.

2 Erhitzen Sie das Olivenöl in einer Pfanne und braten Sie den Lauch darin an, bis er leicht braun wird. Verteilen Sie ihn anschließend in einer Auflaufform.

3 Erhitzen Sie in der gleichen Pfanne wieder etwas Olivenöl und braten Sie die Zwiebeln darin an. Geben Sie das Hackfleisch dazu, verrühren Sie es mit den Zwiebeln und braten Sie es unter Rühren an. Nun vermischen Sie die Paprikawürfel und den Knoblauch mit den Zutaten in der Pfanne. Gießen Sie die Brühe auf und würzen Sie die Speise mit dem Paprikapulver sowie mit Salz und Pfeffer nach Belieben. Braten Sie alles unter Rühren für etwa 2 bis 3 Minuten.

4 Geben Sie den Pfanneninhalt in die Auflaufform und vermischen Sie ihn mit dem Lauch. Heizen Sie den Backofen auf 180 °C mit Umluftfunktion vor und garen Sie den Auflauf für etwa 1 Stunde.

5 Vor dem Servieren lassen Sie den Auflauf für 10 Minuten abkühlen.

MISH SHQIPTAR |

LAMMKOTELETTS

6 Port.

95 Min.

Einfach

Zutaten

18 Lammkoteletts, klein
6 Lammkoteletts, groß
1 Paprika, rot
1 Fleischtomate
4 g Petersilie, gehackt
Olivenöl für die Auflaufform
Pfeffer nach Belieben
Salz nach Belieben

Nährwerte p. P.

445 kcal
1 g Kohlenhydrate
21 g Fett
60 g Eiweiß

1 Säubern Sie die Paprika und die Tomate. Schneiden Sie die Paprika in kleine Würfel und die Tomate in Scheiben.

2 Geben Sie etwas Olivenöl in eine Auflaufform und verteilen Sie es. Setzen Sie die großen Lammkoteletts in die Auflaufform und verteilen Sie anschließend die kleinen darauf. Streuen Sie die Petersilie über die Koteletts und verteilen Sie dann zunächst die Paprikawürfel und danach die Tomatenscheiben auf dem Fleisch. Würzen Sie nach Belieben mit Salz und Pfeffer und geben Sie etwas Olivenöl auf die Zutaten.

3 Heizen Sie den Backofen auf 180 °C mit Umluftfunktion vor. Schieben Sie die Auflaufform auf die untere Schiene und garen Sie ihn für etwa 90 Minuten. Nach der halben Garzeit drehen Sie die Auflaufform um 180 Grad, damit alles gleichmäßig durchgart.

QEBAPA |

CEVAPCICI

6 Port. 30 Min. Einfach

Zutaten

1 kg Hackfleisch vom Rind
2 Knoblauchzehen
1 Zwiebel
200 g Paniermehl
3 TL Vegeta
½ EL Backsoda/Natron
½ EL Paprikapulver
3 TL Pfeffer, schwarz
1 EL Salz
Öl zum Braten

Nährwerte p. P.

150 kcal
12 g Kohlenhydrate
2 g Fett
20 g Eiweiß

1 Pellen Sie den Knoblauch und pressen Sie ihn in eine Schüssel. Pellen Sie die Zwiebel, schneiden Sie sie in feine Würfel und füllen Sie sie zum Knoblauch. Geben Sie das Hackfleisch dazu und vermischen Sie alles miteinander.

2 Würzen Sie das Hackfleisch mit dem Salz, dem Vegeta, dem Pfeffer und dem Paprikapulver. Fügen Sie anschließend das Backsoda und das Paniermehl dazu. Vermengen Sie alle Zutaten zu einem glatten Teig.

3 Formen Sie kleine Fleischstücke in Form der Cevapcici. Erhitzen Sie das Öl in einer Pfanne und braten Sie sie, bis sie vollständig durchgegart sind.

Hauptspeisen mit Fisch & Meeresfrüchten

Albanien liegt an der Adriaküste. Daher kommt auch Fisch auf den Tisch. Gegessen wird dieser gegrillt oder im Backofen gebacken. Dazu werden verschiedene Beilagen gereicht. Da keine traditionell albanischen Rezepte auffindbar waren, ist hier leider nur eines vertreten. Welcher Fisch dafür verwendet wird, ist dem Anwender überlassen.

PESHK I PJEKUR ME HUDHRA |

GEBACKENER FISCH

 4 Port.
 45 Min.
 Einfach

Zutaten

4 Scheiben Weißfisch
10 g Petersilie, gehackt
1 EL Gemüsebrühe
1 Knoblauchzehe
1 Fleischtomate
Olivenöl zum Beträufeln
Pfeffer nach Belieben
Salz nach Belieben

Nährwerte p. P.

223 kcal
2 g Kohlenhydrate
6 g Fett
38 g Eiweiß

1 Säubern Sie die Tomate und schneiden Sie sie in dünne Scheiben. Pellen Sie den Knoblauch und schneiden Sie ihn in Scheiben.

2 Bestreichen Sie ein Blech oder eine Auflaufform mit etwas Olivenöl und verteilen Sie 4 Tomatenscheiben. Geben Sie 1 bis 2 Knoblauchscheiben auf jedes Tomatenstück und streuen Sie etwas trockene Gemüsebrühe darüber.

3 Nun legen Sie auf jede Tomatenscheibe ein Stück Weißfisch und verteilen die restlichen Knoblauchscheiben darauf. Träufeln Sie wieder etwas Olivenöl über den Fisch und würzen Sie nach Belieben mit Salz und Pfeffer sowie etwas Gemüsebrühe. Zum Schluss verteilen Sie die gehackte Petersilie darauf.

4 Heizen Sie den Backofen auf 180 °C mit Umluftfunktion vor. Garen Sie die Speise für etwa 25 Minuten.

Vegetarische & vegane Hauptgerichte

TAVE ME PATATE |

KARTOFFELAUFLAUF

 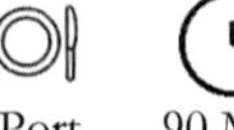 

4 Port. 90 Min. Leicht

Zutaten

1 kg Kartoffeln
1 Paprika, rot
1 Paprika, grün
2 Zwiebeln
3 Eier
3 Tomaten
50 ml Milch
50 g Butter, zerlassen
100 g Käse, gerieben
Pfeffer nach Belieben
Salz nach Belieben

Nährwerte p. P.

466 kcal
51 g Kohlenhydrate
19 g Fett
17 g Eiweiß

1 Heizen Sie den Backofen auf 200 °C mit Ober- und Unterhitze vor und fetten Sie eine Auflaufform ein.

2 Schälen Sie die Kartoffeln und schneiden Sie sie in Scheiben. Pellen Sie die Zwiebel, schneiden Sie sie erst in Viertel und dann in Streifen. Säubern Sie die Paprika und schneiden Sie sie in Würfel. Waschen Sie die Tomaten ab und schneiden Sie sie in Würfel.

3 Geben Sie die zerlassene Butter in eine Schüssel und vermischen Sie sie mit den Eiern und der Milch. Würzen Sie nach Belieben mit Salz und Pfeffer.

4 Nun geben Sie das vorbereitete Gemüse in eine große Schüssel und gießen das Milch-Ei-Gemisch darüber. Vermischen Sie alle Zutaten gründlich miteinander und schmecken Sie sie mit Salz und Pfeffer ab. Füllen Sie alles in die Auflaufform und streuen Sie den Käse darüber.

5 Garen Sie den Auflauf auf der mittleren Schiene für etwa 60 Minuten.

PILAW |

ALBANISCHES REISGERICHT

4 Port.

45 Min.

Leicht

Zutaten

350 g Langkornreis
600 ml Gemüsebrühe
1 Dose Kichererbsen (265 g Abtropfgewicht)
2 Lorbeerblätter
1 Bund Frühlingszwiebeln
1 Zwiebel
1 Paprika, rot
2 Knoblauchzehen
2 EL Sultaninen
2 EL Pinienkerne
4 EL Joghurt, natur
4 EL Olivenöl
Ras el Hanout nach Belieben (orientalische Gewürzmischung)
Salz nach Belieben

Nährwerte p. P.

605 kcal
92 g Kohlenhydrate
19 g Fett
41 g Eiweiß

1 Geben Sie die Kichererbsen in ein Sieb und spülen Sie sie gründlich ab. Anschließend lassen Sie sie gut abtropfen. Verfahren Sie mit dem Reis ebenso.

2 Pellen Sie die Zwiebeln und den Knoblauch und schneiden Sie beides in kleine Stücke. Säubern Sie die Paprika und schneiden Sie sie in grobe Stücke. Säubern Sie die Frühlingszwiebeln und schneiden Sie sie in dünne Ringe.

3 Erhitzen Sie eine Pfanne ohne Fettzugabe und rösten Sie die Pinienkerne darin an. Anschließend füllen Sie sie in eine kleine Schüssel und stellen sie zur weiteren Verwendung beiseite.

4 Erhitzen Sie das Olivenöl in einer weiteren Pfanne und geben Sie die Zwiebeln, den Knoblauch, die Paprika, die Sultaninen und die Lorbeerblätter hinein. Dünsten Sie alles für etwa 2 Minuten unter Rühren an. Nun füllen Sie den Reis dazu und braten ihn für etwa 5 Minuten unter Wenden mit. Gießen Sie die Gemüsebrühe in die Pfanne und legen Sie einen Deckel auf. Köcheln Sie die Zutaten für etwa 8 Minuten bei mittlerer Temperatur.

5 Nun rühren Sie vorsichtig die Kichererbsen zu den Zutaten in der Pfanne. Schmecken Sie die Speise mit dem orientalischen Gewürz und dem Salz ab.

6 Zum Servieren richten Sie den Pilaw auf Tellern an und streuen die Frühlingszwiebelringe und die gerösteten Pinienkerne darüber. Geben Sie je 1 Esslöffel Joghurt darauf und streuen Sie etwas Ras el Hanout über den Joghurt.

GEBACKENES GEMÜSE

4 Port. 150 Min. Leicht

Zutaten

400 g Schmand
1 Zwiebel
4 Paprika, rot, gelb, grün
4 Tomaten
1 Schuss Wasser
1 EL Salz
1 Prise Pfeffer

Nährwerte p. P.

313 kcal
16 g Kohlenhydrate
25 g Fett
6 g Eiweiß

1 Säubern Sie die Tomaten und schneiden Sie sie in mundgerechte Stücke. Pellen Sie die Zwiebel und schneiden Sie sie in kleine Würfel. Säubern Sie die Paprika und schneiden Sie sie in grobe Stücke.

2 Geben Sie das zerkleinerte Gemüse in einen Topf und würzen Sie es mit dem Salz und dem Pfeffer. Füllen Sie etwas Wasser dazu und garen Sie es für etwa 60 Minuten bei niedriger Temperatur.

3 Heizen Sie den Backofen auf 200 °C mit Ober- und Unterhitze vor. Füllen Sie das Gemüse aus dem Topf in eine Auflaufform und rühren Sie den Schmand dazu. Überbacken Sie die Speise für etwa 60 Minuten im Backofen, bis sie eine goldbraune Oberfläche annimmt.

BURANI ME SPINAQ E VEZË |

REIS-SPINAT-PFANNE

6 Port. 30 Min. Leicht

Zutaten

400 g Spinat
6 Eier
75 g Reis
25 g Butter
1 Zwiebel
2 EL Olivenöl
1 TL Basilikum
1 Liter Wasser, kochend
Pfeffer nach Belieben
Salz nach Belieben

Nährwerte p. P.

205 kcal
16 g Kohlenhydrate
12 g Fett
10 g Eiweiß

1 Pellen Sie die Zwiebel und schneiden Sie sie in kleine Würfel. Erhitzen Sie die Butter und das Olivenöl in einem Topf und braten Sie die Zwiebeln darin an.

2 Geben Sie den Reis in den Topf, vermischen Sie ihn mit den Zwiebeln und braten Sie alles unter Rühren für kurze Zeit an. Vermischen Sie das Basilikum im Reis und gießen Sie dann vorsichtig das kochende Wasser in den Topf. Legen Sie einen Deckel auf und köcheln Sie die Zutaten bei niedriger Temperatur für etwa 10 Minuten.

3 Nun vermischen Sie den Spinat in der Reismischung und köcheln alles so lange weiter, bis er zusammenfällt. Legen Sie einen Deckel auf und köcheln Sie alles, bis die Flüssigkeit fast verdampft ist. Dies sollte etwa 5 Minuten dauern. Würzen Sie nach Belieben mit Pfeffer und Salz.

4 Anschließend setzen Sie die Eier als Spiegelei auf die Speise. Legen Sie den Deckel wieder auf und garen Sie die Speise für etwa 3 bis 4 Minuten zu Ende. Das Eiweiß soll durchgegart sein.

PATËLLXHANE TË MBUSHUR |

GEFÜLLTE AUBERGINEN

 4 Port.

 80 Min.

 Leicht

Zutaten

2 Auberginen
1 Zwiebel
1 Paprika, rot
1 Knoblauchzehe
80 g Paniermehl
125 g Mozzarella
2 EL Olivenöl
2 EL Basilikum
1 EL Salbei
Pfeffer nach Belieben
Salz nach Belieben

Nährwerte p. P.

231 kcal
27 g Kohlenhydrate
10 g Fett
10 g Eiweiß

1 Säubern Sie die Paprika und schneiden Sie sie in kleine Würfel. Pellen Sie die Zwiebel und schneiden Sie sie ebenfalls in Würfel. Pellen Sie den Knoblauch und pressen Sie ihn in ein Schälchen. Schneiden Sie den Mozzarella in Scheiben.

2 Teilen Sie die Auberginen jeweils in Hälften. Entfernen Sie das Fruchtfleisch, belassen Sie einen Rand von etwa 1 Zentimeter an den Seiten und wenige Millimeter am Boden der Auberginen.

3 Erhitzen Sie 1 Esslöffel Olivenöl in einer Pfanne und geben Sie das Auberginenfleisch, die Zwiebeln, den Knoblauch und die Paprikawürfel hinein. Braten Sie alles unter Rühren für etwa 15 Minuten an. Anschließend verrühren Sie das Basilikum und den Salbei darin und würzen alles nach Belieben mit Salz und Pfeffer. Nehmen Sie die Pfanne von der Kochstelle und stellen Sie sie beiseite.

4 Heizen Sie den Backofen auf 180 °C mit Umluftfunktion vor. Verteilen Sie die Auberginenhälften in einer Auflaufform, beträufeln Sie sie mit dem übrigen Olivenöl und würzen Sie sie nach Belieben mit Salz und Pfeffer. Decken Sie die Form mit Alufolie ab und garen Sie die Auberginen für etwa 20 Minuten im Backofen.

5 Nach der Garzeit nehmen Sie die Form aus dem Backofen und verteilen die Füllung aus der Pfanne in den Auberginenhälften. Verteilen Sie die Mozzarellascheiben darauf und streuen pro Hälfte etwa 2 Esslöffel Semmelbrösel darauf.

6 Stellen Sie die Auflaufform wieder in den Backofen und garen Sie sie für weitere 25 Minuten, bis die Oberflächen eine goldbraune Farbe annehmen.

ALBANISCHER BÖREK |

TEIGGEBÄCK

 6 Port.

 120 Min.

 Mittel

Zutaten

Teig:

5 Gläser Mehl
2 Gläser Wasser
1 EL Essig
Öl zum Bestreichen
Salz nach Belieben
Pfeffer nach Belieben

Füllung:

1 kg Porree
Öl zum Braten
Pfeffer nach Belieben
Salz nach Belieben

Nährwerte p. P.

467 kcal
89 g Kohlenhydrate
4 g Fett
16 g Eiweiß

1 Säubern Sie den Porree und schneiden Sie ihn in dünne Ringe. Erhitzen Sie das Öl in einer Pfanne und braten Sie den Porree darin, bis er gar ist. Rühren Sie dabei immer wieder um und würzen Sie den Porree nach Belieben mit Salz und Pfeffer. Anschließend stellen Sie die Pfanne zum Abkühlen beiseite.

2 In der Zwischenzeit bereiten Sie den Teig zu. Geben Sie das Mehl, das Wasser, den Essig sowie Salz und Pfeffer nach Belieben in eine Rührschüssel und verkneten Sie die Zutaten zu einem glatten Teig. Decken Sie die Schüssel ab und stellen Sie sie für etwa 10 Minuten zum Ruhen beiseite.

3 Bereiten Sie eine Arbeitsfläche mit etwas Mehl vor und legen Sie den Teig darauf. Teilen Sie ihn in zwei Hälften. Jede Hälfte teilen Sie wiederum in 15 gleich große Stücke.

4 Rollen Sie auf der Arbeitsfläche 15 Teigstücke grob aus. Bestreichen Sie jedes Teigstück mit Öl und stapeln Sie sie übereinander. Verfahren Sie mit den übrigen 15 Teigstücken ebenso und legen Sie sie zu einem zweiten Stapel aufeinander. Warten Sie etwa 15 Minuten, bevor Sie den Teig weiterverarbeiten.

5 Nun rollen Sie jeden Teigstapel im Ganzen auf die Größe einer Springform aus. Legen Sie eine Teigplatte in eine Springform und bestreichen Sie sie mit etwas Öl. Verteilen Sie die Füllung darauf. Nun legen Sie die zweite Teigplatte darüber. Haben die Teigplatten durch das Ausrollen noch nicht die gewünschte Größe erreicht, können Sie sie mit den Händen etwas auseinanderziehen. Bestreichen Sie auch diese Teigplatte mit etwas Öl.

6 Heizen Sie den Backofen auf 180 °C mit Umluftfunktion vor und backen Sie den Teig, bis die Oberfläche eine goldbraune Farbe angenommen hat.

Beilagen

POLENTA

4 Port.

60 Min.

Leicht

Zutaten

200 g Maismehl
200 g Joghurt
200 g Schmand
150 ml Sonnenblumenöl
150 ml Mineralwasser mit Kohlensäure
1 Pck. Backpulver
3 Eier
1 TL Salz

Achtung: Zum Abmessen der Zutaten wird der Schmandbecher verwendet.

Nährwerte p. P.

676 kcal
39 g Kohlenhydrate
52 g Fett
12 g Eiweiß

1 Geben Sie den Schmand in eine Rührschüssel. Messen Sie anschließend mit diesem Becher den Joghurt und das Mehl ab.

2 Vermischen Sie das Mehl mit dem Backpulver und geben Sie es zum Schmand in die Rührschüssel. Geben Sie anschließend alle übrigen Zutaten in die Schüssel und vermischen Sie sie zu einem geschmeidigen Teig.

3 Verteilen Sie den Teig auf einem Backblech. Mögen Sie es knusprig, nehmen Sie ein großes Blech, mögen Sie es weicher, verwenden Sie ein kleineres Blech oder eine geeignete Auflaufform.

4 Heizen Sie den Backofen auf 200 °C mit Ober- und Unterhitze vor. Schieben Sie das Blech auf die mittlere Schiene und backen Sie die Polenta für etwa 40 Minuten. Wenn die Oberfläche goldbraun wird, ist sie fertig.

Tipp: Die Polenta kann pur genossen werden oder aber auch zerbröselt mit Milch. Sie können sie auch als Beilage zu anderen Speisen reichen.

GIYVEÇI |

DJUVEC-REIS

 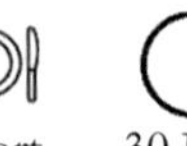  

4 Port. 30 Min. Leicht

Zutaten

300 g Reis, Langkorn
200 g Tomaten, gehackt, aus der Dose
10 g Petersilie, frisch gehackt
400 ml Gemüsebrühe
2 Paprika, rot
1 Knoblauchzehe
1 Zwiebel
1 EL Tomatenmark
2 EL Olivenöl
2 EL Butter
1 Prise Paprikapulver
1 Prise Zucker
1 Prise Pfeffer
1 Prise Salz

Nährwerte p. P.

433 kcal
77 g Kohlenhydrate
10 g Fett
8 g Eiweiß

1 Säubern Sie die Paprika und schneiden Sie sie in kleine Würfel. Pellen Sie die Zwiebel und den Knoblauch und schneiden Sie beides in feine Stücke. Erhitzen Sie die Butter und das Olivenöl in einer Pfanne und dünsten Sie die Zwiebeln, den Knoblauch und die Paprikastücke darin an.

2 Vermischen Sie das Tomatenmark, das Paprikapulver und den Reis darin und braten Sie alle Zutaten unter Rühren für etwa 2 Minuten. Füllen Sie die gehackten Tomaten und die Brühe dazu und schmecken Sie die Speise mit Zucker und Salz ab.

3 Legen Sie einen Deckel auf die Pfanne und garen Sie die Zutaten bei niedriger Temperatur für etwa 15 Minuten. Der Reis sollte währenddessen die Flüssigkeit fast komplett aufnehmen.

4 Schmecken Sie den Reis mit Salz und Pfeffer ab und geben Sie ihn in eine Servierschüssel. Zum Servieren dekorieren Sie ihn mit der gehackten Petersilie.

AJVAR-REIS

 4 Port.

 40 Min.

 Leicht

Zutaten

180 g Reis, Langkorn
350 ml Gemüsebrühe
120 g Erbsen, TK
120 g Ajvar (Rezept in diesem Kochbuch)
2 Tomaten
2 Paprika, rot
1 Knoblauchzehe
1 Zwiebel
1 EL Olivenöl
Zucker nach Belieben
Chilipulver nach Belieben
Pfeffer nach Belieben
Salz nach Belieben

Nährwerte p. P.

247 kcal
48 g Kohlenhydrate
2 g Fett
7 g Eiweiß

1 Pellen Sie die Zwiebel und den Knoblauch und schneiden Sie beides in feine Stücke. Säubern Sie die Paprika und schneiden Sie sie in kleine Würfel. Waschen Sie die Tomaten ab und entfernen Sie die Kerne. Schneiden Sie sie in kleine Würfel.

2 Erhitzen Sie das Öl in einem Topf und dünsten Sie darin die Zwiebeln und den Knoblauch an. Vermischen Sie den Reis mit den Zutaten im Topf und dünsten Sie ihn mit, bis er glasig wird. Nun geben Sie die Paprika- und Tomatenstücke dazu und gießen die Brühe auf. Köcheln Sie alles für ein paar Minuten bei mittlerer Temperatur.

3 Anschließend rühren Sie das Ajvar dazu und reduzieren die Temperatur auf die niedrigste Stufe. Köcheln Sie alles unter gelegentlichem Umrühren für etwa 15 Minuten. Nun vermischen Sie die Erbsen in der Reisspeise, schalten die Kochstelle aus und belassen den Topf noch für etwa 5 Minuten darauf.

4 Würzen Sie den Reis nach Belieben mit Salz, Pfeffer, Zucker und Chilipulver. Zum Servieren füllen Sie den Reis in eine Tasse und stürzen ihn anschließend auf einen Teller.

DOLMA JAPRAK | GEFÜLLTE WEINBLÄTTER

32 Stk. 120 Min. Mittel

Zutaten

400 g Lammhackfleisch
600 g Weinblätter, eingelegt
75 g Reis
25 g Petersilie, gehackt
5 Zwiebeln
1 TL Paprikapulver
1 TL Gemüsebrühpulver
1 TL Basilikum
1 TL Pfeffer
Olivenöl zum Braten
2 Liter Wasser
Salz nach Belieben

Nährwerte p. P.

79 kcal
6 g Kohlenhydrate
5 g Fett
3 g Eiweiß

1 Pellen Sie die Zwiebeln und schneiden Sie sie in kleine Würfel. Erhitzen Sie etwas Olivenöl in einer Pfanne und braten Sie die Zwiebeln darin an.

2 Geben Sie das Hackfleisch in eine Rührschüssel und vermischen Sie die angebratenen Zwiebeln, den Reis, die Petersilie, das Basilikum, das Paprikapulver, den Pfeffer und das Salz sowie die Gemüsebrühe darin.

3 Nehmen Sie eines der Weinblätter in Ihre Hand, wobei die Spitze zu Ihren Fingern zeigt. Nehmen Sie ein zweites Weinblatt und legen Sie es entgegengesetzt auf das erste. Sie können die Weinblätter statt in der Hand auch auf ein Brettchen platzieren.

4 Geben Sie 1 Esslöffel der Fleisch-Reis-Mischung in die Mitte der Weinblätter. Falten Sie erst die Unterseite des Blattes über die Füllung und anschließend die beiden Seiten darüber. Nun rollen Sie das Blatt beginnend mit der Füllung auf.

5 Belegen Sie einen großen Topf mit einer Schicht Weinblättern und legen Sie die eingerollten Weinblätter darauf. Fahren Sie mit dem Einrollen der Weinblätter so lange fort, bis die Füllung aufgebraucht ist. Schichten Sie Weinblatt für Weinblatt in den Topf.

6 Kochen Sie das Wasser einmal auf und gießen Sie es in den Topf mit den Weinblättern, bis sie gerade bedeckt sind. Kochen Sie es mit den Weinblättern erneut auf und legen Sie einen Deckel auf. Köcheln Sie die Weinblätter bei niedriger Temperatur für etwa 1 ½ Stunden. Das Wasser sollte währenddessen komplett aufgesogen werden. Passiert dies vor Ablauf der Kochzeit, gießen Sie etwas Wasser nach.

7 Nach Fertigstellung nehmen Sie die Weinblätter aus dem Topf und lassen sie vor dem Servieren etwa 10 Minuten abkühlen.

SPECA ME MAZE |

GEBACKENE PEPERONI

4 Port.

45 Min.

Mittel

Zutaten

600 g Peperoni, gemischt, nach Belieben
250 g Magerquark
150 ml Sahne
3 Eier
2 EL Öl
2 EL Crème fraîche
Kräutersalz nach Belieben
Pfeffer nach Belieben

Nährwerte p. P.

290 kcal
9 g Kohlenhydrate
20 g Fett
13 g Eiweiß

1 Heizen Sie den Backofen auf 200 °C mit Ober- und Unterhitze vor und fetten Sie eine Auflaufform mit der halben Ölmenge ein. Verteilen Sie die Peperoni in der Auflaufform und bestreichen Sie sie mit dem übrigen Öl.

2 Füllen Sie den Quark in eine Rührschüssel und vermischen Sie ihn mit den Eiern, der Crème fraîche und der Sahne. Würzen Sie die Mischung nach Belieben mit dem Salz und dem Pfeffer. Geben Sie die Quarkmischung über die Peperoni in die Auflaufform.

3 Backen Sie die Speise auf der mittleren Schiene für etwa 25 Minuten. Servieren Sie die Peperoni mit Reis oder Kartoffeln.

QIFQI |

REISBÄLLCHEN

4/6 Bällchen

60 Min.

Einfach

Zutaten

4 Eier
1 Tasse Reis
2 Tassen Wasser
1 TL Minze, getrocknet
½ TL Pfeffer, schwarz
1 ½ TL Salz
Olivenöl zum Bestreichen

Außerdem:
1 Pförtchenpfanne

Nährwerte p. P.

222 kcal
25 g Kohlenhydrate
9 g Fett
9 g Eiweiß

1 Füllen Sie das Wasser in einen Topf und geben Sie den Reis dazu. Kochen Sie die Zutaten einmal auf und reduzieren Sie dann die Temperatur auf die niedrigste Stufe. Legen Sie einen Deckel auf und dämpfen Sie den Reis, bis er die Flüssigkeit aufgesogen hat. Anschließend stellen Sie den Reis zum Abkühlen beiseite.

2 Schlagen Sie die Eier in eine Rührschüssel und vermischen Sie darin die Minze, den Pfeffer und das Salz. Geben Sie den Reis dazu und verrühren Sie alles miteinander.

3 Bestreichen Sie die Mulden der Pförtchenpfanne mit dem Olivenöl und setzen Sie in jede Mulde eine Reiskugel. Dies geht mit einem Eisportionierer. Decken Sie die Pfanne ab und braten Sie die Reiskugeln bei niedriger Temperatur, bis sie knusprig werden. Wenden Sie sie zwischendurch, damit auch die andere Seite knusprig ausgebraten wird.

4 Sie können die Reisbällchen zu Fleisch und Fisch mit Ajvar servieren.

Fingerfood & Snacks

DOLMA |

GEFÜLLTE SPITZPAPRIKA

4 Port. 45 Min. Leicht

Zutaten

200 g Hackfleisch, Rind
400 g Risottoreis
850 ml Wasser
4 Spitzpaprika, rot
½ EL Paprikapulver, edelsüß
½ EL Vegeta (kroatisches Gewürz)
1 Zwiebel
2 TL Salz
Öl zum Braten

Nährwerte p. P.

537 kcal
86 g Kohlenhydrate
7 g Fett
28 g Eiweiß

1 Pellen Sie die Zwiebel und schneiden Sie sie in kleine Stücke. Erhitzen Sie das Öl in einer Pfanne und braten Sie das Hackfleisch und die Zwiebeln darin an. Vermischen Sie den Reis im Hackfleisch und würzen Sie es mit dem Paprikapulver, Salz und Vegeta. Anschließend nehmen Sie die Pfanne von der Kochstelle und stellen sie beiseite.

2 Säubern Sie die Paprika, indem Sie den oberen „Deckel" abschneiden und die Kerne entfernen. Befüllen Sie alle Paprikaschoten zu ⅔ mit der Hackfleischfüllung. Lassen Sie am oberen Rand etwas Platz, da die Füllung aufquillt.

3 Legen Sie die gefüllten Paprika in eine Auflaufform und lassen Sie zwischen jeder etwas Platz. Zwischen den Schoten verteilen Sie die übrig gebliebene Hackfleischmischung.

4 Heizen Sie den Backofen auf 250 °C mit Ober- und Unterhitze vor. Gießen Sie das Wasser in einen Topf und kochen Sie es einmal auf. Anschließend geben Sie es vorsichtig in die Auflaufform zu den Paprikaschoten.

5 Stellen Sie die Auflaufform auf die mittlere Schiene des Backofens und garen Sie sie für etwa 20 Minuten. Verlängern Sie gegebenenfalls die Backzeit, falls der Reis noch nicht gar sein sollte.

6 Zum Servieren reichen Sie Baguette oder ein frisches Weißbrot.

GURABIJA |

JOGHURTKEKSE

6 Port. 50 Min. Leicht

Zutaten

1 Becher Naturjoghurt
1 Becher Zucker
½ Becher Öl
1 Pck. Vanillezucker
1 Pck. Backpulver
3 Eier

Nährwerte p. P.

297 kcal
29 g Kohlenhydrate
19 g Fett
4 g Eiweiß

1 Geben Sie alle Zutaten in eine Rührschüssel und vermischen Sie sie zu einer geschmeidigen Masse. Formen Sie Kugeln daraus und verteilen Sie sie auf einem mit Backpapier belegten Blech.

2 Heizen Sie den Backofen auf 180 °C mit Umluftfunktion vor und backen Sie die Kugeln für etwa 40 Minuten.

LOKUMA |

ALBANISCHES FETTGEBÄCK

5 Port. 150 Min. Leicht

Zutaten

500 g Mehl
300 g Joghurt
2 Eier
1 Pck. Backpulver
1 Schuss Milch
Öl zum Frittieren nach Belieben
1 TL Salz

Nährwerte p. P.

421 kcal
76 g Kohlenhydrate
6 g Fett
15 g Eiweiß

1 Geben Sie den Joghurt in eine Schüssel und vermischen Sie ihn mit dem Salz. Fügen Sie die Eier und einen Schuss Milch dazu und verrühren Sie alle Zutaten miteinander. Nun verrühren Sie das Mehl und das Backpulver in der Joghurtmischung.

2 Verkneten Sie alles zu einem Teig. Er sollte nach Fertigstellung nicht mehr an den Händen kleben bleiben. Fügen Sie gegebenenfalls etwas Milch oder Mehl dazu. Anschließend decken Sie die Schüssel ab und stellen den Teig für 2 Stunden beiseite.

3 Nach der Gehzeit rollen Sie den Teig auf etwa 3 Millimeter aus und schneiden ihn in Rechtecke.

4 Erhitzen Sie eine ausreichende Menge Öl in einer Pfanne oder einem Topf und frittieren Sie die Teigstücke darin, bis sie eine goldbraune Farbe angenommen haben.

BYREK |

BLÄTTERTEIG-GEBÄCK

4 Port.

40 Min.

Leicht

Zutaten

12 Filoteigblätter
150 g Fetakäse
150 g Babyspinat
1 Knoblauchzehe
1 Zwiebel
5 EL Butter
2 EL Öl
2 EL Joghurt, natur
¼ TL Thymian, getrocknet
¼ TL Chilipulver, gemahlen
½ TL Paprikapulver, edelsüß
1 Prise Pfeffer
1 Prise Salz

Nährwerte p. P.

553 kcal
50 g Kohlenhydrate
31 g Fett
17 g Eiweiß

1 Geben Sie den Fetakäse in eine Schüssel und zerdrücken Sie ihn mit einer Gabel. Mischen Sie das Paprikapulver, den Joghurt, das Chilipulver und den Thymian dazu.

2 Säubern Sie den Spinat und geben Sie ihn zum Abtropfen in ein Sieb. Pellen Sie die Zwiebel und schneiden Sie sie in kleine Würfel. Pellen Sie den Knoblauch und hacken Sie ihn in feine Stücke.

3 Erhitzen Sie das Öl bei mittlerer Temperatur in einer Pfanne und dünsten Sie die Zwiebeln und den Knoblauch darin an. Geben Sie den Spinat dazu und dünsten Sie ihn für etwa 3 Minuten mit. Füllen Sie den Pfanneninhalt zum Abtropfen in ein Sieb und vermischen Sie ihn mit der Fetakäsemischung. Würzen Sie die Füllung mit Salz und Pfeffer.

4 Heizen Sie den Backofen auf 220 °C mit Ober- und Unterhitze vor und belegen Sie ein Blech mit Backpapier. Legen Sie die Filoteigblätter auf eine geeignete Arbeitsfläche, die Spitzen zeigen jeweils nach oben und nach unten. Schmelzen Sie die Butter in einem Topf und bestreichen Sie damit jedes einzelne Teigblatt.

5 An einer unteren langen Teigseite verteilen Sie jeweils 1 bis 2 Esslöffel von der Füllung auf die Teigblätter. Schlagen Sie die Enden nach innen um, damit die Füllung nicht herausquetscht. Nun rollen Sie die Teigblätter eng zu einer „Zigarre" auf.

6 Verteilen Sie die Teigrollen mit etwas Abstand zueinander auf dem Backblech und bestreichen Sie sie mit Butter. Backen Sie die Byrek für etwa 15 Minuten im Backofen, bis sie eine goldbraune Farbe angenommen haben.

USTIPCI |

TEIGPLUNDER

4 Port.

45 Min.

Leicht

Zutaten

200 ml Milch
200 ml Mineralwasser
1 EL Zucker
1 EL Backpulver
2 EL Joghurt, natur
3 EL Olivenöl
1 TL Salz
3 Eier
400 g Mehl

Nährwerte p. P.

551 kcal
79 g Kohlenhydrate
18 g Fett
16 g Eiweiß

1 Schlagen Sie die Eier in eine Schüssel und verquirlen Sie sie. Verrühren Sie mit einem Schneebesen nach und nach die Milch, das Mineralwasser, das Salz, den Zucker und den Joghurt mit den Eiern.

2 Vermischen Sie in einer weiteren Schüssel das Mehl mit dem Backpulver und sieben Sie es zur Milchmischung. Verrühren Sie alles miteinander, bis ein glatter Teig entsteht. Stellen Sie ihn für etwa 15 Minuten zum Ruhen beiseite und rühren Sie ihn anschließend noch einmal durch.

3 Erhitzen Sie etwas von dem Olivenöl in einer Pfanne und backen Sie den Teig portionsweise von beiden Seiten zu kleinen Pfannkuchen aus. Anschließend erhitzen Sie weiteres Olivenöl und verfahren so lange weiter, bis der Teig aufgebraucht ist.

4 Geben Sie die Ustipci zum Abtropfen auf ein Stück Küchenpapier und servieren Sie sie warm mit Aufstrichen oder als Beilage zu anderen Gerichten.

PALACINKE | PFANNKUCHEN

5 Port.

30 Min.

Leicht

Zutaten

2 Liter Milch
8 Eier
750 g Mehl
1 Prise Salz
Öl zum Braten

Nährwerte p. P.

888 kcal
126 g Kohlenhydrate
26 g Fett
35 g Eiweiß

1 Schlagen Sie die Eier in eine Rührschüssel und verquirlen Sie sie. Würzen Sie die Eier mit dem Salz. Anschließend geben Sie nach und nach im Wechsel die Milch und das Mehl dazu und verrühren alles miteinander. Stellen Sie die Mischung für etwa 15 Minuten zum Quellen beiseite.

2 Erhitzen Sie etwas Öl in einer Pfanne. Die Größe der Pfannkuchen entspricht der Pfannengröße. Wählen Sie diese also danach aus, wie groß Ihre Pfannkuchen werden sollen.

3 Geben Sie eine gewünschte Menge Teig in die Pfanne und backen Sie ihn aus, bis die Unterseite eine goldbraune Farbe bekommt. Anschließend wenden Sie den Pfannkuchen auf die andere Seite und backen ihn ebenfalls bis zur gewünschten Bräune aus.

4 Geben Sie den fertigen Pfannkuchen auf einen Teller und verbacken Sie den Teig, bis er aufgebraucht ist.

5 Nun können Sie die Pfannkuchen mit einer Füllung versehen. Für eine süße Füllung können Sie zum Beispiel Marmelade, Mandeln, Früchte, Zimtzucker oder Puderzucker verwenden. Für eine herzhafte Füllung eignen sich Salami, Frischkäse, Aufschnitt jeglicher Art oder Schinken sowie Käse.

Desserts & Kuchen

KEIMAQXHIN |

EIERSÜẞSPEISE

6 Port.

45 Min.

Einfach

Zutaten

1 Liter Milch
12 EL Zucker
10 Eier

Nährwerte p. 100 g

48 kcal
5 g Kohlenhydrate
2 g Fett
3 g Eiweiß

1 Heizen Sie den Backofen auf 200 °C mit Ober- und Unterhitze vor. Schlagen Sie die Eier in eine Schüssel und rühren Sie sie mit dem Zucker zu einer schaumigen Masse. Gießen Sie die Milch dazu und verrühren Sie alles gründlich miteinander.

2 Füllen Sie die Flüssigkeit in eine Form mit einem hohen Rand. Stellen Sie sie auf die mittlere Schiene des Backofens und backen Sie die Speise für etwa 15 bis 20 Minuten. Die Oberfläche wird durch den hohen Zuckergehalt karamellisiert.

3 Hat die Oberfläche die gewünschte Bräune bekommen, reduzieren Sie die Temperatur auf 180 °C und backen die Speise für weitere 10 bis 15 Minuten.

4 Nehmen Sie die Form aus dem Ofen und stellen Sie sie zum Abkühlen beiseite.

5 Das Dessert kann lauwarm oder kalt serviert werden.

TRILECE |

KARAMELL-KUCHEN

8 Port.

230 Min.

Mittel

Zutaten

100 g Mehl
80 g Sahne
220 g Sahne
150 g Kondensmilch, gezuckert
150 g Kondensmilch
4 Eier
1 TL Backpulver
75 g Zucker
100 g Zucker
1 Prise Salz

Nährwerte p. P.

330 kcal
36 g Kohlenhydrate
18 g Fett
7 g Eiweiß

1 Heizen Sie den Backofen auf 180 °C mit Umluftfunktion vor und fetten Sie eine Auflaufform ein.

2 Bereiten Sie zunächst den Biskuit vor. Trennen Sie die Eier und schlagen Sie das Eiweiß zu einer steifen Masse. Anschließend würzen Sie sie mit Salz und rieseln dann 75 g Zucker hinein. Rühren Sie beides mit dem Mixer unter den Eischnee. Nun verrühren Sie die Eigelbe darin.

3 Vermischen Sie nun das Mehl mit dem Backpulver und heben es dann unter die Eischneemasse. Rühren Sie 80 g Sahne hinein und füllen Sie den Teig in die Auflaufform. Backen Sie ihn für etwa 25 Minuten im Backofen.

4 Währenddessen stellen Sie den Guss für den Kuchen her. Füllen Sie 120 g Sahne in eine Schüssel und verrühren Sie beide Kondensmilchsorten darin. Verteilen Sie nach dem Backen die Masse auf dem Kuchen. Stechen Sie ihn vorher mit einem Zahnstocher mehrmals ein. Stellen Sie den Kuchen zum Abkühlen beiseite und anschließend für etwa 2 Stunden in den Kühlschrank.

5 Nach dem Kühlen bereiten Sie das Karamell zu. Geben Sie 100 g Zucker in einen Topf und karamellisieren Sie ihn, bis er eine goldbraune Farbe angenommen hat. Füllen Sie 100 g Sahne dazu und köcheln Sie die Masse, bis sie sich löst.

6 Schneiden Sie den Kuchen in 8 Stücke und verteilen Sie das Karamell darauf. Stellen Sie ihn für etwa 1 Stunde in den Kühlschrank.

BAKLAVA |

BLÄTTERTEIG-GEBÄCK

6 Port.

45 Min.

Mittel

Zutaten

300 g Filoteig
150 g Butter
1 EL Butter zum Einfetten
150 g Honig
150 g Mandeln, gehackt
150 g Walnüsse, gehackt
150 g Zucker
200 ml Wasser
1 TL Zimt
2 Nelken, zerrieben

Nährwerte p. P.

846 kcal
59 g Kohlenhydrate
62 g Fett
12 g Eiweiß

1 Heizen Sie den Backofen auf 180 °C mit Umluftfunktion vor. Geben Sie die Butter in einen Topf und erhitzen Sie sie bei niedriger Temperatur, bis sie geschmolzen ist. Füllen Sie die Nüsse in eine Schüssel und vermischen Sie sie mit dem Zimt.

2 Fetten Sie eine rechteckige Auflaufform mit 1 Esslöffel Butter ein. Belegen Sie die Form mit dem Filoteig, bis der Boden damit bedeckt ist. Bestreichen Sie den Teig mit der zerlassenen Butter. Geben Sie eine neue Schicht des Filoteiges hinein und bestreichen Sie sie ebenfalls mit der Butter. Verfahren Sie weiter, bis etwa die halbe Menge des Filoteiges aufgebraucht ist.

3 Anschließend verteilen Sie die Nussmischung auf dem Teig. Nun geben Sie Schicht für Schicht den übrigen Filoteig auf die Nussmischung und bestreichen wieder jede Schicht mit der Butter. Schneiden Sie den Teig in kleine Rechtecke mit einer Größe von etwa 3 mal 5 Zentimetern. Jetzt bestreichen Sie die Oberfläche noch einmal mit zerlassener Butter.

4 Geben Sie die Auflaufform auf die mittlere Schiene des Backofens und backen Sie den Teig für etwa 30 Minuten.

5 In der Zwischenzeit füllen Sie das Wasser in einen Topf und verrühren darin den Zucker, den Honig und das Nelkenpulver. Kochen Sie die Mischung unter ständigem Rühren auf und köcheln Sie den Sirup für etwa 10 Minuten bei niedriger Temperatur.

6 Wenn der Teig fertig gebacken ist, geben Sie den Sirup noch heiß über die Baklava. Stellen Sie die Form zum Abkühlen beiseite.

BOMBICA |

SCHOKOLADENKUGELN MIT KOKOS

6 Port.

180 Min.

Mittel

Zutaten

Teig:

600 g Butterkekse
125 g Butter
100 g Vollmilchschokolade
100 g Kuvertüre nach Wahl
150 ml Milch
4 EL Zucker
2 Pck. Vanillezucker

Füllung:

100 ml Milch
200 g Kokosraspeln
50 g Butter
1 Pck. Vanillezucker

50 g Kokosraspeln zum Wälzen

Nährwerte p. 100 g

484 kcal
39 g Kohlenhydrate
33 g Fett
5 g Eiweiß

1 Geben Sie die Butterkekse in einen Gefrierbeutel und zerkleinern Sie sie mit einem Nudelholz. Legen Sie sie zur weiteren Verwendung beiseite.

2 Schmelzen Sie die Butter vorsichtig bei niedriger Temperatur in einem Topf. Mischen Sie den Zucker und den Vanillezucker unter Rühren dazu, bis sich beide Zuckersorten aufgelöst haben. Nun verrühren Sie die Milch in der Mischung. Geben Sie anschließend die Vollmilchschokolade und die Kuvertüre dazu und rühren Sie die Mischung so lange bei niedriger Temperatur, bis sie geschmolzen ist. Nehmen Sie den Topf von der Kochstelle. Füllen Sie die zerkleinerten Butterkekse dazu und vermischen Sie alle Zutaten, bis eine feste Masse entsteht.

3 Geben Sie nun die Butter für die Füllung in einen Topf und zerlassen Sie sie bei niedriger Temperatur. Verrühren Sie beide Zuckersorten den Vanillezucker darin, bis sie sich aufgelöst haben. Vermischen Sie die Milch darin und nehmen Sie den Topf von der Kochstelle. Nun mischen Sie die Kokosraspeln hinein. Verteilen Sie die Kokosraspeln zum Wälzen auf einem flachen Teller.

4 Formen Sie nun aus der Schokoladenmasse kleine Kugeln. Drücken Sie mit einem Finger eine Mulde in die Kugel und füllen Sie mit einem Teelöffel etwas von der Kokosfüllung hinein. Anschließend formen Sie die Schokoladenmasse um die Füllung und wälzen die Kugel in den Kokosraspeln. Verfahren Sie so lange weiter, bis die Schokoladenmasse und die Füllung verbraucht sind.

5 Stellen Sie die fertigen Schokoladenkugeln für etwa 2 Stunden in den Kühlschrank.

ŠAMPITA |
SCHAUMKUCHEN

6 Port. 120 Min. Mittel

Zutaten

300 g Zucker
10 Eier
½ Pck. Backpulver
50 ml Wasser
6 EL Mehl
6 EL Sonnenblumenöl
6 EL Milch
Kakaopulver zum Bestreuen

Nährwerte p. 100 g

273 kcal
37 g Kohlenhydrate
11 g Fett
6 g Eiweiß

1 Heizen Sie den Backofen auf 250 °C mit Ober- und Unterhitze vor und fetten Sie eine Back- oder Auflaufform ein. Trennen Sie die Eier und verquirlen Sie das Eigelb in einer Schüssel. Vermischen Sie nun 6 Esslöffel vom Zucker, die Milch, das Öl, das Backpulver und das Mehl im Eigelb. Füllen Sie den Teig in die Backform und backen Sie ihn für etwa 10 Minuten im Backofen. Anschließend stellen Sie die Form zum Abkühlen beiseite. Reduzieren Sie die Temperatur auf 100 °C.

2 Gießen Sie das Wasser in einen Topf und geben Sie den übrigen Zucker dazu. Kochen Sie unter ständigem Rühren einen Sirup daraus. Stellen Sie den Topf zum Abkühlen beiseite.

3 Schlagen Sie das Eiweiß zu einem steifen Schnee und geben Sie dann nach und nach den Zuckersirup dazu. Schlagen Sie die Masse noch einmal gut auf.

4 Verteilen Sie die Eischneemasse auf dem Teig und stellen Sie die Backform erneut in den Ofen. Karamellisieren Sie ihn für etwa 10 Minuten. Nach dem Abkühlen stellen Sie die Form in den Kühlschrank, bis der Kuchen fest geworden ist. Zum Servieren streuen Sie etwas Kakaopulver darüber.

BALLOKUME |

ALBANISCHE KEKSE

4 Port. 190 Min. Mittel

Zutaten

6 Tassen Maismehl
2 ½ Tassen Puderzucker
2 Tassen Butter, zerlassen
8 Eier
2 EL Milch

Nährwerte p. P.

533 kcal
68 g Kohlenhydrate
27 g Fett
20 g Eiweiß

1 Geben Sie die zerlassene Butter und den Puderzucker in eine Rührschüssel und vermischen Sie beides mit einem Handrührgerät zu einer schaumigen Masse. Fügen Sie nach und nach die Eier dazu und verrühren Sie sie in der Masse.

2 Geben Sie die Milch in die Mischung und mixen Sie alles für etwa 5 Minuten gut durch. Nun verrühren Sie nach und nach das Mehl, bis ein glatter Teig entsteht. Decken Sie die Schüssel ab und stellen Sie sie für etwa 20 Minuten beiseite.

3 Heizen Sie den Backofen auf 180 °C mit Umluftfunktion vor und belegen Sie ein Blech mit Backpapier. Formen Sie Teigkugeln von etwa 60 Gramm Gewicht pro Stück und verteilen Sie sie auf dem Backblech. Drücken Sie sie vor dem Backen etwas flach.

4 Backen Sie die Kekse für etwa 40 Minuten im Backofen. Anschließend nehmen Sie das Blech heraus und stellen es für 20 Minuten zum Abkühlen beiseite. Nun können Sie die Kekse komplett abkühlen lassen.

Getränke

Traditionelle Rezepte für die Herstellung von Getränken sind so nicht bekannt. In einheimischen Familien wird sicher das eine oder andere Getränk selbst gemacht, aber offizielle Anleitungen sind nicht auffindbar. Daher werden in dieser Rubrik einige Getränke vorgestellt, die in Albanien getrunken werden.

Albanien verfügt über ein mehr als 5.000 Jahre altes Wissen des Weinanbaus. Es stehen viele Weinanbaugebiete zur Verfügung, wo die verschiedensten Weine angebaut werden. In ländlichen Gegenden wird von den dort lebenden Einwohnern der Wein auch selbst hergestellt. Zum Abendessen wird von den Einheimischen gerne ein Glas Wein genossen.

Raki ist in vielen Mittelmeerländern bekannt. In Albanien gehört er zu den Nationalgetränken. Hergestellt wird Raki zum Beispiel aus Beeren, Kirschen oder Äpfeln. Der Albaner trinkt ihn entweder vor oder nach dem Essen.

Die albanischen Einheimischen lieben ihr Bier. Das beliebteste Bier ist das „Birra Tirana". Dabei handelt es sich um eine dunkle, süße Sorte. Auch gerne getrunken wird „Elbar", eine weitere albanische Biersorte.

Ein traditionelles Getränk in Albanien ist „Bosa". Dies ist ein fermentiertes Malzgetränk, hergestellt aus Weizen und Mais, und schon seit dem 9. Jahrtausend v. Chr. bekannt.

Soßen, Aufstriche, Cremes & Dips

FERGESE |

SCHARFE KÄSESOẞE

4 Port.

20 Min.

Leicht

Zutaten

400 g Tomaten
4 Stck. Paprika, geröstet, aus dem Glas
4 Knoblauchzehen
1 Zwiebel
2 EL Olivenöl
1 EL Butter
1 EL Mehl
4 EL Käse, gerieben
½ TL Chilipulver
Pfeffer nach Belieben
Salz nach Belieben

Nährwerte p. P.

381 kcal
20 g Kohlenhydrate
29 g Fett
6 g Eiweiß

1 Pellen Sie die Zwiebel und den Knoblauch und hacken Sie beides in feine Stücke. Schneiden Sie die Paprika in kleine Stücke. Entfernen Sie die Haut von den Tomaten und schneiden Sie sie in kleine Stücke.

2 Erhitzen Sie 1 Esslöffel Olivenöl in einer Pfanne und braten Sie die Zwiebeln, die Paprika, die Tomaten und den Knoblauch darin an. Vermischen Sie das Chilipulver in den Zutaten und köcheln Sie alles für etwa 5 Minuten. Wenn Sie mögen, können Sie die Zutaten jetzt pürieren.

3 Erhitzen Sie die Butter in einem Topf und verrühren Sie den Käse darin, bis er geschmolzen ist. Anschließend geben Sie das Mehl hinein und verrühren alles sorgfältig mit einem Schneebesen. Schmecken Sie alles mit Salz und Pfeffer ab und nehmen Sie den Topf von der Kochstelle.

4 Geben Sie das Gemüse in die Käsesoße und vermischen Sie alles miteinander. Fetten Sie eine Auflaufform mit dem übrigen Olivenöl ein und füllen Sie die gesamte Gemüse-Käse-Mischung hinein.

5 Heizen Sie den Backofen auf 200 °C mit Umluftfunktion vor und überbacken Sie die Soße für etwa 5 Minuten.

Tipp: Diese Soße kann zu frischem Brot, zu Kartoffeln oder zu Nudeln gereicht werden.

AJVAR

6 Port. (700 ml) | 240 Min. | Mittel

Zutaten

2 kg Spitzpaprika, rot
80 g Sonnenblumenöl
18 g Salz
5 g Essigessenz

Sie benötigen für dieses Rezept einen Fleischwolf (alternativ einen Pürier-stab)

Nährwerte p. P.

251 kcal
21 g Kohlenhydrate
14 g Fett
4 g Eiweiß

1 Kontrollieren Sie die Paprika auf schadhafte Stellen, diese müssen vor der Zubereitung entfernt werden. Säubern Sie die Paprika und schneiden Sie sie der Länge nach in zwei Hälften.

2 Heizen Sie den Backofen mit Grillfunktion auf 230 °C vor. Belegen Sie ein oder mehrere Bleche mit Backpapier und verteilen Sie die halben Paprikaschoten mit der Schnittfläche nach unten auf den Blechen. Passen nicht alle Schoten auf einmal in den Backofen, grillen Sie sie nacheinander. Grillen Sie die Schoten, bis die Oberflächen schwarz werden.

3 Anschließend legen Sie sie zum Abkühlen in eine Schüssel und decken sie ab. Nach etwa 30 bis 60 Minuten sollten die Schoten so weit abgekühlt sein, dass Sie sie zum Schälen anfassen können. Beim Entfernen der Haut fangen Sie den austretenden Saft auf.

4 Nun drehen Sie das Fruchtfleisch durch den Fleischwolf. Sie können es alternativ auch mit einem Pürierstab pürieren. Füllen Sie das Paprikapüree mit der aufgefangenen Flüssigkeit in einen Topf.

5 Kochen Sie es einmal kurz auf und vermischen Sie dann das Öl, den Essig und das Salz darin. Reduzieren Sie die Temperatur auf die niedrigste Stufe, das Püree darf jetzt nicht mehr kochen.

6 Unter ständigem Rühren lassen Sie die Mischung für etwa 2 bis 4 Stunden vor sich hin simmern. Je nachdem, wie viel Wasser die Paprika enthalten, kann der Kochvorgang länger oder kürzer ausfallen.

7 Das Ajvar ist fertig, wenn es eine cremige Konsistenz bekommen hat. Füllen Sie es in ein Glas mit Schraubverschluss ab. Sie können es bis zu einer Woche im Kühlschrank aufbewahren.

URNEBES |

PEPERONI-CREME

4 Port. 150 Min. Einfach

Zutaten

350 g Fetakäse
200 g Quark
1 kg Peperoni
4 Knoblauchzehen
Paprikapulver nach Belieben
Pfeffer nach Belieben
Salz nach Belieben

Nährwerte p. P.

312 kcal
13 g Kohlenhydrate
18 g Fett
24 g Eiweiß

1 Heizen Sie den Backofen auf 200 °C mit Umluftfunktion vor. Verteilen Sie die Peperoni auf einem mit Backpapier belegten Blech und backen Sie sie für etwa 30 Minuten. Anschließend stellen Sie die Peperoni zum Abkühlen beiseite, um dann die Schale zu entfernen. Schneiden Sie die geschälten Peperoni in kleine Würfel und geben Sie sie in eine Schüssel.

2 Pellen Sie den Knoblauch und schneiden Sie ihn in kleine Stücke. Vermischen Sie sie mit den Peperonistücken und bröseln Sie den Fetakäse hinein.

3 Zerdrücken Sie beides mit einer Gabel zu einem Mus. Würzen Sie es nach Belieben mit Salz und Pfeffer sowie Paprikapulver. Nun rühren Sie den Quark unter die Zutaten. Stellen Sie die Mischung für etwa 2 Stunden zum Ziehen in den Kühlschrank.

4 Vor dem Servieren rühren Sie die Creme noch einmal gründlich durch.

Tipp: Der Dip kann zu Fleisch, Fisch und Gemüse gereicht werden.

PINDZUR |

AUBERGINEN-PEPERONI-SOßE

2 Gl. á 800 g | 120 Min. | Einfach

Zutaten

2 kg Peperoni
1 kg Auberginen
1 kg Tomaten
1 TL Zucker
2 EL Essig
100 ml Olivenöl
Salz nach Belieben

Nährwerte p. 100 g

43 kcal
3 g Kohlenhydrate
3 g Fett
1 g Eiweiß

1 Heizen Sie den Backofen auf 200 °C mit Umluftfunktion vor und belegen Sie ein Blech mit Backpapier.

2 Säubern Sie die Peperoni, Auberginen und Tomaten und schneiden Sie sie jeweils in zwei Hälften. Verteilen Sie das Gemüse mit der Schnittfläche nach unten zeigend auf dem Blech und backen Sie alles für etwa 30 Minuten im Backofen. Nach der Garzeit stellen Sie das Blech zum Abkühlen beiseite.

3 Entfernen Sie die Schale der Peperoni, Auberginen und Tomaten und schneiden Sie das Fruchtfleisch in kleine Würfel. Füllen Sie die Gemüsewürfel in einen Topf und geben Sie das Olivenöl, den Essig und den Zucker dazu. Vermischen Sie alles miteinander und würzen Sie nach Belieben mit Salz.

4 Kochen Sie die Zutaten einmal kurz auf und reduzieren Sie dann die Temperatur auf die niedrigste Stufe. Legen Sie einen Deckel auf und köcheln Sie die Mischung für etwa 1 Stunde. Rühren Sie gelegentlich um.

5 Anschließend nehmen Sie den Deckel ab und köcheln die Speise für weitere 20 Minuten unter mehrmaligem Rühren. Die Speise soll eine dickliche Konsistenz bekommen.

6 Füllen Sie die Soße in zwei oder mehrere Einmachgläser, die Sie vorher erwärmt haben. Schließen Sie den Deckel und stellen Sie die Gläser für einige Minuten auf den Kopf. So bildet sich ein Vakuum und macht die Soße länger haltbar.

Tipp: Pindzur können Sie als Aufstrich zu Brot, als Beilage zu Fleisch und Fisch oder mit Käse genießen.

BALKAN-GRILLSOẞE

4 Port.

20 Min.

Einfach

Zutaten

150 g Ketchup
1 TL Paprikapulver, edelsüß
3 Knoblauchzehen
75 g Paprika, rot
75 g Zwiebel
Chiliflocken nach Belieben
Pfeffer nach Belieben
Salz nach Belieben

Nährwerte p. P.

70 kcal
14 g Kohlenhydrate
0 g Fett
2 g Eiweiß

1 Säubern Sie die Paprika und schneiden Sie sie in kleine Würfel. Pellen Sie die Zwiebel und schneiden Sie sie in feine Stücke. Pellen Sie den Knoblauch und pressen Sie ihn in eine Rührschüssel.

2 Vermischen Sie den Knoblauch mit den Zwiebeln und den Paprikawürfeln. Vermischen Sie den Ketchup in den Zutaten und würzen Sie die Soße mit dem Paprikapulver sowie nach Belieben mit den Chiliflocken, dem Pfeffer und dem Salz.

3 Reichen Sie diese Soße zu Fleisch, Fisch, Gegrilltem und Gemüse.